授業の創造

造形教育における授業デザインと授業分析

――授業構造とその構成要素から捉えた授業構成論――

佐々木達行　著

東洋館出版社

はじめに

　研究会での授業者を引き受けるのに、一瞬たじろいだり、また悩んだりした経験はありませんか。
　もちろんそれは、大勢の人の前で授業をしなければならないという緊張感のせいかもしれません。
　しかし、それだけではないはずです。
　いったい、どのような授業を、どのように行ったらいいか、というような不安があるからではないでしょうか。
　そうした漠然とした不安を少しでも解消していただくために本書を執筆しました。

　研究授業にかかわらず、我々はよく「授業づくり」という言葉を使います。
　研究会では、この「授業づくり」の良し悪しについて討議される、といってもいいでしょう。
　しかし、この「授業づくり」とは、何をどのようにつくるのか、これが曖昧で人それぞれの経験をもとに解釈されているようです。「授業づくり」とは、きちんとした論理にもとづいて使われている言葉ではないのです。
　研究授業によく使われる、この「授業づくり」の曖昧さが授業者を一層不安にさせているのかもしれません。
　そこで、明確な意味や根拠、論理に基づいた授業を行えるようにすれば、悩みや不安はかなり解消されるはずです。それどころか、授業が楽しくなるかもしれません。
　本書では、曖昧さを避けるために「授業づくり」という言葉は使いません。
　授業を客観的、論理的に捉えて行う「授業デザイン（授業構成）（以下授業デザイン）」という言葉を使いました。授業をできるだけ客観的に捉え、論理的に構成するという意味です。
　これは決して難しいことではありません。論理の基になる骨格を理解し、それに基づいて授業を構成していけばいいのです。このようにして行う研究授業は、論理に基づいているために安心感が生まれ、緊張や不安が少なくなるはずです。
　一方、研究授業の良し悪しを判断するにも、「授業デザイン」は、極めて有効です。もちろんそれは「授業分析」として行います。
　「授業デザイン」と「授業分析」は、背中合わせの関係にあり、その授業がどのように論理的にデザインされているかを見れば、その授業の妥当性が分析できるからです。
　研究協議会の席で、前回と同じような意見が繰り返されるような場に遭遇することが多くあります。どこに研究の成果が蓄積されたのだろうかと思います。また、研究授業者に

対し、多種多様、思い思いの意見が述べられることがあります。それぞれの意見は、それぞれ意味をもつに違いはありませんが、ひとつの授業でそんなにたくさんの課題を達成できるはずもありません。

　こうした事態を招くのは、しっかりとした論理に基づいた授業が行われていないからなのです。また、研究協議会での授業分析の視点がバラバラで、同じ土俵の上で研究協議を行っていないからに他なりません。

　論理的な「授業デザイン」が行われれば、同じ土俵の上で研究協議を行うことになり、共通理解が深まるとともに授業研究が進むはずです。

　論理的な「授業デザイン」の大切さは、ここにもあるのです。

　さて、本書は以下の4章で構成されています。
　　Ⅰ　授業デザイン、授業分析の意味と方法
　　Ⅱ　授業デザインの試作
　　Ⅲ　授業デザインの具体例
　　Ⅳ　授業デザインと授業分析の論理

　Ⅰ、Ⅱ章は、「授業デザイン」の基本的な考え方とその試作、Ⅲ章は、具体的な実践の紹介、Ⅳ章は、造形教育学として、授業構造を基にした授業構成論の理論編として執筆したものです。

　Ⅲ章における具体例は、新たに開発した教材内容の紹介ではありません。本書の趣旨である「授業デザイン」の視点から、そのデザイン方法の例を示したものです。

　これらの章は、どこから読んでも理解していただけるように編集したつもりです。説明が行き届かぬ点もあるかもしれません。本書「造形教育における授業デザインと授業分析」が、読者諸氏の造形教育、造形授業研究、研究授業等に少しでもお役にたてば幸いです。

　最後になりましたが、本書の出版の機会を与えてくださった東洋館出版社、編集にお力添えをいただいた井上幸子氏をはじめ、執筆、実践の協力をお願いした諸氏に厚く御礼を申し上げます。

　　　　　　　　　　　　　　　　　　　　　　2011(平23)年 6月　佐々木 達行

はじめに

I 授業デザイン、授業分析の意味と方法

1 授業を客観的、論理的に捉えることができると、授業が楽しくなる……008
◎コラム1：「教える」「育てる」「養う」「培う」「支援する」、その意味の違いは？

2 「授業デザイン」を「家の設計デザイン」にたとえると……010
1.「家の設計デザイン」
2.「授業デザイン」と「家の設計デザイン」
　① 教育理念にもとづいて授業テーマ、「授業課題／目標」を設定
　　◎コラム2：「幸せ」は、「教える」ことができるか？？？
　②「授業課題／目標」を効果的に達成するための授業の「デザイン方法」
　③ 造形表現活動における「表現・鑑賞内容」の5つの基本的な要素
　　◎コラム3：「幸せ」と同様、「感性」「積極性」「主体性」は「培う」うもの！
　④「表現・鑑賞内容」の5つの基本的な要素と詳細図
　⑤「授業デザイン」「デザイン方法」と「表現・鑑賞内容」の5つの基本的な要素
　⑥「授業デザイン」と「デザイン条件」
　⑦「授業デザイン」を授業の構成要素から捉えた授業の構造図
　　◎コラム4：「表現・鑑賞内容」としての「対象」と「主題」の違いは！！！

3 授業デザインと授業分析……022

II 授業デザインの試作

【授業デザインの文言】

1 教師中心型／「指導・示範型」の授業デザイン……026
1.「指導・示範型」の授業デザインの意味
2.「指導・示範型」の授業デザインの具体例
3. 授業デザイン・授業分析表

2 児童・生徒中心型／「課題追究型」の授業デザイン……029
1.「課題追究型」の授業デザインの意味
2.「課題追究型」の授業デザインの具体例
3. 授業デザイン・授業分析表

3 児童・生徒中心型／「造形遊び」の授業デザイン……033
1. 授業デザインから捉えた「造形遊び」の意味
2.「造形遊び（課題追究型）」の授業デザインの具体例
3. 授業デザイン・授業分析表

III 授業デザインの具体例

1 基本的な表現材料が同じで「授業課題／目標」が異なる授業デザイン ……038

1. 段ボール紙を使った表現活動を追究することを通し、相互理解を図る ……038
活動名：段ボール、ダンダン切って、ダンダン組み立て、何つくる！
　　　　―グループの友達と協力して―【2年】

2. 段ボールを使った造形遊び／「自分らしさ」を、あるいは造形的な課題を自主的、主体的、創造的に追究、発見したり、自己表現したりする力を培う ……043
活動名：だんだん、ダンボール、どう使う！（造形遊び）
　　　　―段ボール箱をもとに自分のテーマを決めて―【3年】

3. 段ボール紙を使った表現活動を通し、造形的なものの見方や考え方、造形感覚を養い、感性を培う ……048
活動名：くっつけ、たく三角！
　　　　―同じ形の三角形をたくさん組み合わせて、立体的な形をつくる―【5年】

2 表現活動内容の5つの要素を、授業の活動テーマにした授業デザイン ……053

2-ア 「表現対象／主題」を活動テーマにした授業デザイン ……053
ⅰ 活動名：ぼくの道、私の道、みんなの道
　　　　―「道」からイメージを広げ、紙を主材料にした立体表現を追究する―【中学年】
ⅱ 活動名：私のモニュメント
　　　　―「モニュメント」を考えることから、ベニヤ板を主材料にした立体表現を追究する―【高学年】

2-イ 「表現材料／素材／造形要素」を活動テーマにした授業デザイン ……063
ⅰ 活動名：ひもを結ぶ・巻く・縛る・編む、組み合わせて！
　　　　―見つけてみよう、どんなことができるかな？―（ひもを使った造形遊び）【中学年】
ⅱ 活動名：私の友達、立体的につくりたい！
　　　　―好きな材料を選んで生かして（自分マークを使って）―【高学年】

2-ウ 「表現形式」を活動テーマにした授業デザイン ……073
ⅰ 活動名：紙箱だって素敵な材料
　　　　―開いた紙箱の形や状態からイメージを広げて―【中学年】
ⅱ 活動名：つなげ絵（マンガ）オリジナル
　　　　―主人公は私（自分マークを使って）―【高学年】

2-エ 「表現様式」を活動テーマにした授業デザイン ……083
ⅰ 活動名：好きな色で描く景色
　　　　―色をつくり、心を開いて気持ちよく―【中学年】
ⅱ 活動名：ピカソのキュビズムってどんな絵？
　　　　―いろいろな視点から捉えた対象をひとつの画面に―【高学年】

2-オ 「表現技法・用具／知識」を活動テーマにした授業デザイン ……093
ⅰ 題材名：小さくなって不思議な世界にもぐり込む！
　　　　―点や線の特徴を生かして―【中学年】
ⅱ 活動名：ひもと紙、線と面の物語
　　　　―折る、丸める、巻く、編む、線と面を組み合わせて―【高学年】

3 授業課題／目標を捉えて行う授業デザイン……103

1. 「造形表現活動の快さや楽しさを経験し、心を開く」を授業課題とした授業デザイン……103
   題材名：好きな色、心の色で描きたい！
   　　　　―絵の具を思いのままに塗る快さを楽しみながら―【2年】

2. 「形表現活動を通して相互理解、人間理解を図る」を授業課題とした授業デザイン……108
   活動名：これが私です、みてください！
   　　　　―薄紙（ティッシュ）を使った自己紹介―【5年】

3. 「自分らしさを、あるいは造形的な課題を自主的、主体的、創造的に追究、
   発見したり、自己表現したりする力を培う」を授業課題とした授業デザイン……113
   活動名：私のテーマパークデザイン
   　　　　―紙箱の形や機能を生かし、各自のテーマパークを追究する―【3年】

4. 「総合的な造形表現活動を経験し、造形的な総合力を養う」を
   授業課題とした授業デザイン……118
   活動名：マイマイルーム、私の部屋に遊びに来て！　―段ボールを組み立てて―【2年】

5. 「造形的なものの見方や考え方、造形感覚を養い、感性を培う」を
   授業課題とした授業デザイン……123
   題材名：同じ形を繰り返して表すと！　―パターン（型紙）を使って描く―【6年】

6. 「造形的な知識や技能を養い、造形文化や歴史に興味や関心をもつ」を
   授業課題とした授業デザイン……128
   活動名：削って飾って、枝木のおしゃれ　―ナイフとひもで―【6年】

IV 授業デザインと授業分析の理論
―授業構造とその構成要素から捉えた授業構成論―

1 授業の4つの構成要素と授業構造……134

2 授業の構成要素、「授業課題」と「授業目標」「教育課題」……135
1. 「授業課題」と「授業目標」について
2. 「授業課題／目標」と「授業デザイン」について
3. 子どもの実態と「授業課題／目標」と「評価」の関連について

3 授業の構成要素、「授業／表現・鑑賞内容」……138
1. 「表現・鑑賞内容」について
2. 「表現・鑑賞内容」の基本的な要素
3. 「表現・鑑賞内容」としての5つの要素と「授業デザイン」
   ①造形表現活動における「表現・鑑賞内容」について
   ②造形表現活動をハードル競技にたとえると
   ③「授業デザイン」とは、「授業課題／目標」をより効果的に達成するため、
   　子どもの表現活動をコントロールする授業の条件ルールを設定すること

4.「授業／表現・鑑賞内容」としての5つの基本的な要素と詳細
      ア）「表現対象／主題」(何を表現する)
      イ）「表現材料／素材／造形要素」(何で表現する)
      ウ）「表現形式」(どのように表現する)
      エ）「表現様式」(どのように表現する)
      オ）「表現技法・用具／知識」(どのように表現する)
   5.「表現・鑑賞内容」としての5つの要素と詳細図

4 授業の構成要素、「授業／デザイン方法」……146
   1.「教師中心型」の「デザイン方法」とその意味
   2.「児童・生徒中心型」の「デザイン方法」とその意味
   3.「児童・生徒中心型」／「問題解決型」「課題追究型」「総合型」の「デザイン方法」
      ①「問題解決型」の「デザイン方法」
      ②「課題追究型」の「デザイン方法」
      ③「総合型」の「デザイン方法」
   4.「授業デザイン」における授業の「デザイン方法」の意味

5 授業の構成要素、「授業／デザイン条件」……150

6 授業の4つの構成要素と授業分析……151

7 「表現・鑑賞内容」をもとにした「授業デザイン」……152
   1.「授業デザイン」とは、「授業課題／目標」を設定し、
       それらを達成するために「表現・鑑賞内容」の5つの要素を構成すること
   2.「授業課題／目標」に合わせた授業の「デザイン方法」
      ①「教師中心型」の授業の「デザイン方法」
      ②「児童・生徒中心型」の授業の「デザインの方法」
   3.「授業デザイン」の視点から捉えた
       「教師中心型」と「児童・生徒中心型」の「デザイン方法」

8 授業の「デザイン条件」の設定と「授業デザイン」の手順……155

9 「材料をもとにした造形遊び」の「授業デザイン」……157
   1. 経験主義的な解釈と「造形遊び」
   2.「授業デザイン」から捉えた「造形遊び」
      ①「授業構成論」から捉えた「造形遊び」
      ②「教育課題論」から捉えた「造形遊び」

参考資料 「教育課題」と3つの「課題要素」、6つの「活動課題」と「授業課題」

I

授業デザイン・
授業分析の意味と方法

「家の設計デザイン」を例に
「授業デザイン」の基本的な考え方と簡単な授業デザインの例を
述べていきます。

1 授業を客観的、論理的に捉えることができると、授業が楽しくなる

小学校や中学校で行う授業は、子どもを教え、育てるために行うものであることはいうまでもありません。つまり、「教」え、「育」てると書くと「教育」という言葉になるのです。

また、義務教育として行う授業は、当然、個人の趣向や思いつきなどで行うものではありません。そこには、誰もが納得する客観性や論理性がなくてはなりません。

本書は、授業をその構成要素から客観的、論理的に捉えて行おうとするものです。

最初に、「授業を客観的、論理的に捉える」と聞くと、ちょっと後退りしたくなるかもしれません。しかし、そうした捉え方がわかると、むしろ授業が楽しくなります。特に、研究授業などで授業を客観的、論理的に捉えて「授業づくり」をしておくと、授業を行うときには十分に考えがまとまっているので、自信や余裕をもって気楽に臨めることになります。

「いやいや、今までも授業づくりは客観的、論理的に行ってきた」と言われる方がいるかもしれません。しかし、本当でしょうか。特に図工や美術の授業では個人の趣向や解釈で雰囲気的に行われることが多いように思えます。

例えば、先に「授業づくり」という言葉を使いましたが、これは、授業の何を、どのようにつくることでしょうか？　この言葉の説明を求めると、おそらく様々な答えが返ってくるでしょう。つまり、一つひとつの答えが間違っているのではなく、共通の基盤に立った客観的、論理的な答えが得られないということなのです。

そのため、授業者がしっかりと「授業づくり」をして研究授業に臨んだとしても、研究協議会では各自がそれぞれの意見を述べるだけで、きちんとした議論になることが少ない

のです。共通の基盤に立って授業を構想し、「授業づくり」や「授業分析」を行っていないからです。

結果として授業が個人の趣向や解釈で雰囲気的に行われることとなり、客観性や論理性に欠けるということになってしまうのです。

つまり、「授業づくり」という言葉の意味は様々に解釈され、教育学的な「授業論」として客観的、論理的には定義されていないのです。

本書では、授業をできるだけ客観的、論理的に捉えるために、「授業づくり」という言葉を避け、新たに「授業デザイン（授業構成）」（以後「授業デザイン」）という言葉を使って説明していきます。

「授業デザイン」は、授業をその構成要素から捉えた「授業構成論」をもとにしています。

［参照　P134　Ⅳ　授業デザインと授業分析の理論］

みなさん今日は、たつ魚カフェへ、ようこそ!!!

「教える」「育てる」「養う」「培う」「支援する」、その意味の違いは？

「教」え、「育」てると書くと「教育」という言葉になる、と述べました。

ところで、最近よく使われる言葉に「培う」や「支援」があります。

図工の学習指導要領の目標にも「…造形的な創造活動の基礎的な能力を**培い**、豊かな情操を**養う**。」とあります。

それでは**「培う」**と**「養う」**では、どのような意味の違いがあるのでしょうか。

「培う」は、栽培の「培」ですが、これは「木を（に）培う」というように使い、「木の根本に土を盛る」という意味だそうです。それは木の根本を暑さや寒さなどから守り、木が本来もっている生命力を引き出す、ということでしょう。つまり、木がすくすくと成長できるように環境を整えるということでしょうか。

この「培う」を、教育の言葉として使うとき、子どもが成長できるような**教育環境を整える**ということになります。「能力を**培い**」とは、子どもが「能力」を発揮できるような環境を整えるという意味になるでしょう。「支援」という言葉も、「支え、援助する」の意味ですから、「培う」と同じような意味の使い方になります。また「培う」は、「教育」の「**育（てる）**」に近い言葉の使い方と考えることができます。

それでは**「養う」**は、どうでしょうか。これは木にたとえると、「木に肥料（養分）を与える」ということになります。

「養う」を、教育の言葉として使うとき、子どもが成長できるように栄養となる「知識や技術」を与えるということになるでしょう。「情操を**養う**」とは、子どもに情操が豊かになるような「知識や技術」を与えるということでしょうか。そうすると「養う」は、「教育」の**「教（える）」**に近い言葉の使い方と考えることができます。

2　「授業デザイン」を「家の設計デザイン」にたとえると

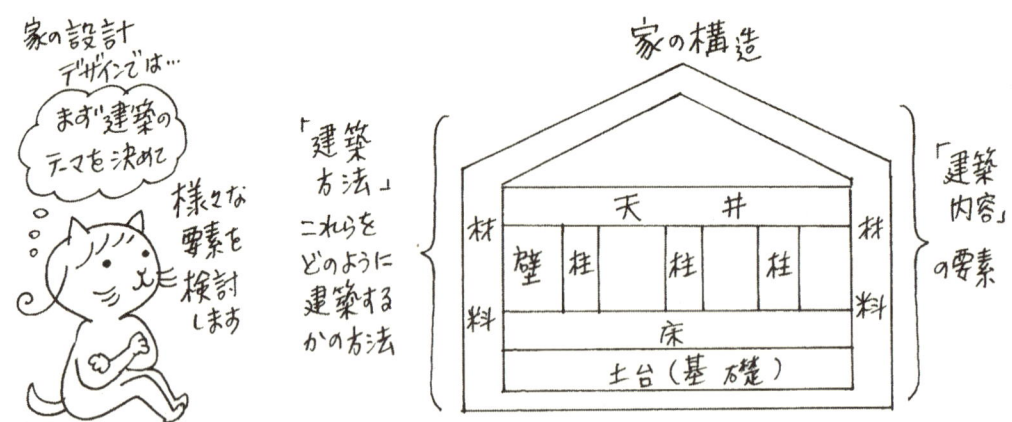

1.「家の設計デザイン」

　「授業づくり」、いや「授業デザイン」を「家づくり」、「家の設計デザイン」に重ねて考えてみるとわかりやすいでしょう。

　「家づくり」は、当然、住みやすく、災害に強いしっかりとした家を建てなければなりません。そのためには「家の設計デザイン」が必要になります。

　「家の設計デザイン」は、まず、どのような家を建てるのか、**建築設計の理念や思想**等を検討し、具体的な**建築テーマを設定**することになります。

　次に、設定したテーマを実現するために**家の構造**、つまり**建築方法**（例えば壁構造、柱構造等）をどのようにするのか**決定**します。

　また、**家の構造、つまり建築方法に合わせ、土台や壁、柱や天井、屋根、あるいは建築材料**（鉄筋、木造等）等をどのようにするかなど、**具体的な建築内容を選定**していきます。

　つまり、「家の設計デザイン」では、まず建築テーマを設定し、それらを実現するために設計デザインの基盤となる様々な要素を検討し、それらを適切に選択、設定、決定していく、ということになります。

2.「授業デザイン」と「家の設計デザイン」

　それでは、「授業デザイン」は何を基盤にしたらいいのでしょうか。あるいは、どのような要素が考えられるのでしょうか。「授業デザイン」を行うための授業の構造や要素を「家の設計デザイン」に重ね合わせて考えていくことにします。

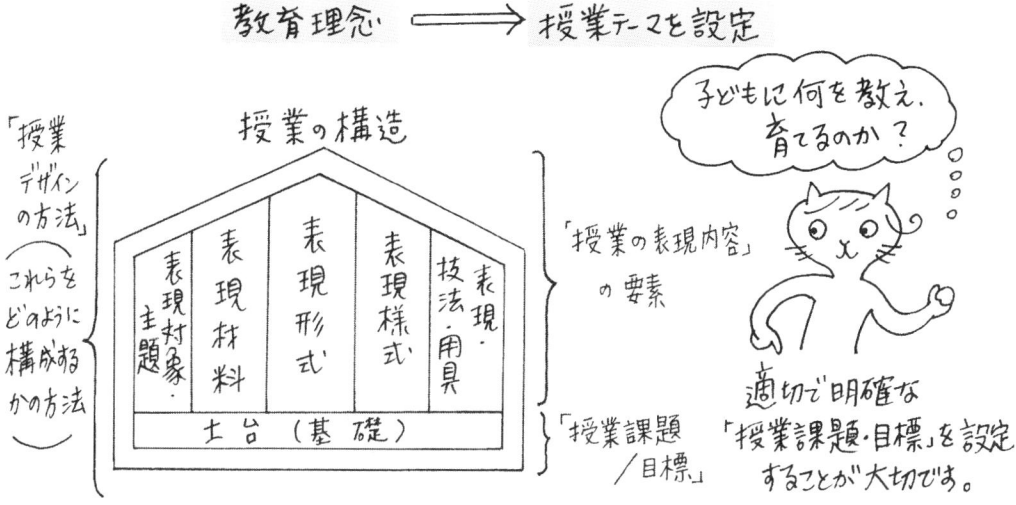

① 教育理念にもとづいた授業テーマ、「授業課題／目標」の設定

「家の設計デザイン」では、まず、どのような家を建てるのか、その建築設計の理念や思想を構想し、建築テーマを設定するとしましたが、「授業デザイン」ではどうなるのでしょうか。

授業は子どもを教え、育てるために行うものです。そこで「授業デザイン」で最も大切なことは、**教育理念に基づいた授業テーマの設定**ということになります。この授業テーマに基づいて具体的な**「授業課題／目標」を決める**ことになります。その授業を通して、**子どもに何を教え、育てたいものは何か**ということを、きちんと考察することが重要なのです。

「授業課題／目標」は、授業構造の基本的な構成要素のひとつで、「授業デザイン」の中核となるものです。つまり、課題／目標を実現するために授業を行うわけです。ですから、これらが曖昧であったり、適当に設定されていたりすれば、授業を行うことの本質的な意味や方向性を見失ってしまうことになります。

建築テーマがない、あるいは、曖昧な設計で家を建てれば、どのようなことが起こるか想像してみればわかります。それはまた、羅針盤がない舟で大海原に漕ぎ出せば、不安と危険に満ちた航海になることは当然でしょう。

客観的、論理的な授業を行うには、まず「授業デザイン」として、適切で明確な「授業課題／目標」の設定が大切になるのです。「授業課題／目標」は授業デザインの土台（基礎）ともいえるものです。

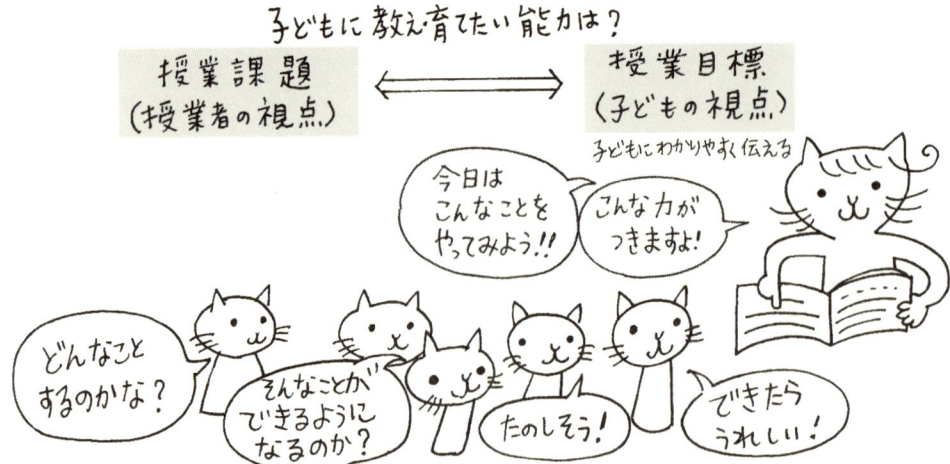

　それでは適切で明確な「授業課題／目標」とは、基本的にどのようなことでしょうか。
　まず、「授業課題／目標」とは、先にも述べたように、その授業を通して、授業者が子どもに教え、育てたいものは何かということです。これを授業者の「授業課題」の設定と考えます。しかし、授業は授業者だけが主役ではありません。設定した「授業課題」が子どもの実態と合っているかを考え合わせ、必要であれば修正します。どんなに立派な「授業課題」も子どもにとってやさしすぎたり、難しすぎたりすれば、意味がある効果的な授業が成立しないからです。
　こうして授業者が子どもに達成させたいと願って設定した「授業課題」を、次に子どもが理解できる言葉に翻訳し、子ども自身の「授業目標」として設定します。
　本書では、「課題」を授業者から捉えた「授業課題」、また「目標」を子どもが捉えた「授業目標」と分けて示しています。授業者の授業に対する課題意識を大切に考えているのです。

 **「幸せ」は、「教える」ことができるか？？？**

　教育は、子どもを「幸せ」にするために行われるもの、と私は考えています。
　日本が貧乏で食べるものにも事欠いていた時代、ものがたくさんあれば「幸せ」と感じることができました。しかし、経済成長を達成し、ものが豊かに溢れた時代、ものが豊かにあっても、必ずしも「幸せ」とは感じられなくなりました。

　もともと「幸せ」とは、それぞれが違って感じるものなのです。その「幸せ」には、正しい「幸せ」や間違っている「幸せ」はありません。
　つまり、「幸せ感」とは、「教えられる」ものではなく、子どもの中に「育てる」、あるいは「培う」ものであるということです。

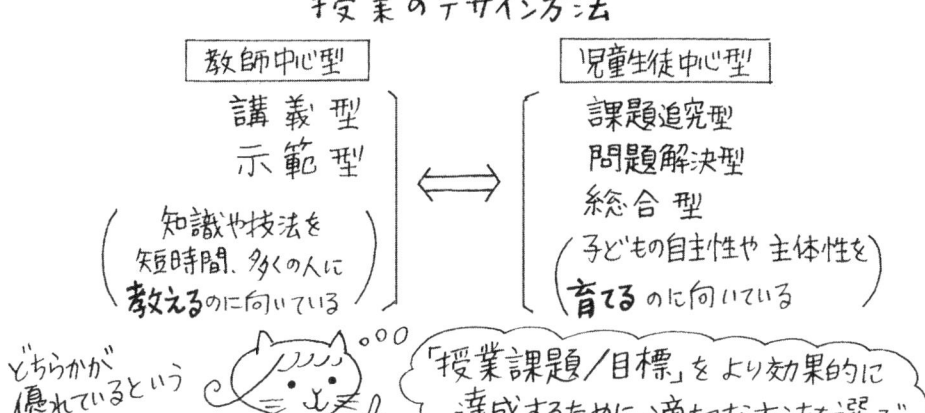

②「授業課題／目標」を効果的に達成するための授業の「デザイン方法」

次に、「家の設計デザイン」では設定したテーマを実現するために壁構造や柱構造、物理的な**家の構造**をどのようにするか、つまり**建築方法**について考えます。

例えば、壁構造の家は地震に強いのですが窓が小さくなり、風通しがよくありません。また、柱構造の家は、窓を大きく取れるので風通しはよいのですが、多少構造的に弱いかもしれません。湿度が高い日本では、建築材（木材）の視点からも昔は柱構造の家が多かった、ということでしょう。

それは、どちらの建築方法が優れているということではなく、建築テーマや課題などに合わせて決定することが大切であるということです。

「家の設計デザイン」における家の構造、つまり建築方法は、「授業デザイン」においては授業の「デザイン（構成）方法」（以後「デザイン方法」）ということができます。

建築方法として壁構造や柱構造などがあるように、**授業の「デザイン方法」**には、講義型、示範型、課題追究型、問題解決型、総合型などがあります。

講義型や示範型は、授業者が子どもを引っ張っていくような教師中心型の「デザイン方法」で、知識や技術を短時間、多人数に教えるのに向いています。

問題解決型、課題追究型、総合型は、子ども各自の造形表現活動を促していくような児童・生徒中心型の「デザイン方法」で、子どもの自主性や主体性を育てるのに向いています。［参照　P 146　Ⅳ　授業デザインと授業分析の理論／4　授業の構成要素、「授業／デザイン方法」］

もちろん、これらの「デザイン方法」は、どちらが優れているということではなく、設定した「授業課題／目標」をより効果的に達成するために適切な方法を選択することが大切になります。

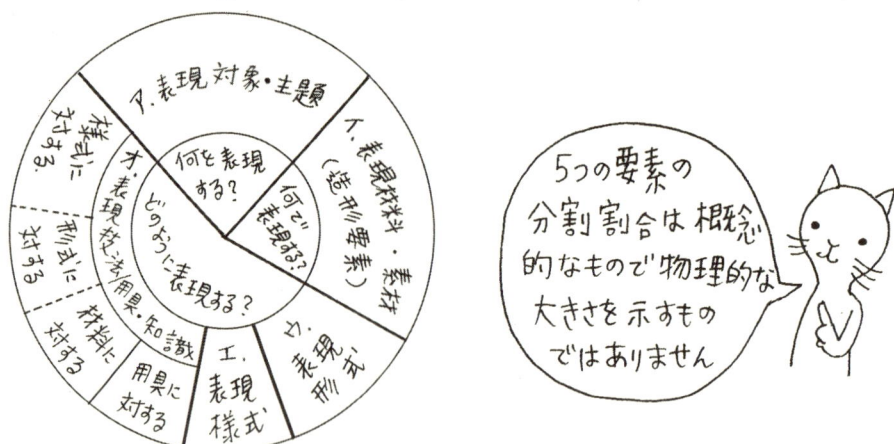

③造形表現活動における「表現・鑑賞内容」の5つの基本的な要素

　「家の設計デザイン」では、家の構造、つまり建築方法が決まったら、次に土台や壁、柱や天井、屋根、あるいは建築材料（鉄筋、木造等）などをどのようにするかなど、**具体的な建築内容**を決めていきます。

　「家の設計デザイン」における、この建築内容は「授業デザイン」においては、授業の「**表現・鑑賞内容**」ということができます。

　図画工作・美術科の授業は、いうまでもなく子どもに造形表現活動を提供することですが、果たして造形表現活動とはどの様なことでしょうか。つまり、造形表現活動における「内容」、または「表現・鑑賞内容」とは何か、ということです。

　これらのことが明確に示されないと、「表現・鑑賞内容」の選択、設定、構成などが曖昧になり、客観的、論理的な「授業デザイン」ができないということにもなります。

　そこで、本書では、まず「**表現・鑑賞内容**」とは何か、を明確に示していくことにします。

　私は、「授業デザイン」の視点から、「表現内容」を、造形的に「**何を表現する？**」「**何で表現する？**」「**どのように表現する？**」と捉えています。

　「鑑賞内容」は「何を表現している？」「何で表現している？」「どのように表現している？」ということになります。

　そこで「表現・鑑賞」の内容である「何を、何で、どの様に？」について、造形表現活動の視点から具体的に整理してみると、それぞれに次のような文言としてまとめることができます。

○「何を表現する／している？」＝「表現対象／主題」
○「何で表現する／している？」＝「表現材料／素材／造形要素」
○「どのように表現する／している？」＝「表現形式」「表現様式」「表現技法・用具／知識」

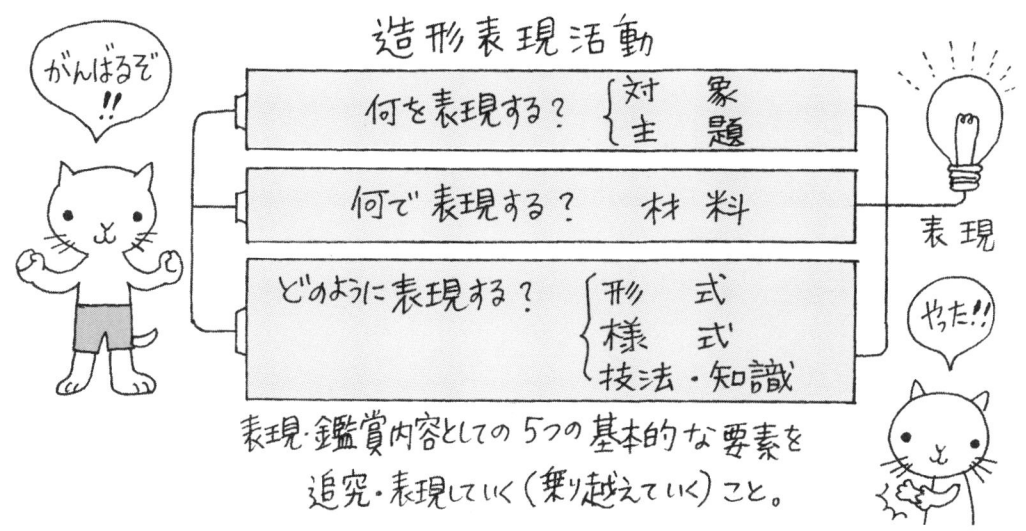

　つまり、「表現・鑑賞内容」は、**ア）「表現対象／主題」**、**イ）「表現材料／素材／造形要素」**、**ウ）「表現形式」**、**エ）「表現様式」**、**オ）「表現技法・用具／知識」**の**5つの基本的な要素**をもっていると考えることができます。

　造形活動とは、「表現・鑑賞内容」として、5つの基本的な要素を追究、表現していくことであるといえるのです。それは大人でも子どもでも同じことです。

　5つの基本的な要素を自ら乗り越えようとすること、乗り越えることが造形表現活動であるということもできます。

 コラム3

「幸せ」と同様、「感性」「積極性」「主体性」は「培う」もの！

　子どもに「感性」を「教える」ことはできませんが「培う」ことはできます。

　つまり、「感性」は、知識や技術のように、具体的な内容や方法があるわけではありません。「感性」を「培う」とは、子どもが「感性」を働かせやすい、あるいは働かせなければならないような環境を設け、自身を磨かせていく、ということになります。

　「感性」と同じ概念に「積極性」、「主体性」などがあります。

　これらは、正しい、間違っているなど、正否を問うことができないようなものごとで、相対的な価値観で捉える概念なのです。

　一方、「知識や技術」など、他と比較したり、正否を問うたりすることができるようなものごとは、絶対的な価値観で捉える概念ということができます。

　もちろん、子どもの「感性」を「培う」、あるいは「育てる」には、知識や技術を教える、つまり「情報」を「教（与）えて」おくことも大切になります。

　教育の「教える」ことと「育てる」ことは、パソコンに「ソフト」と「ハード」の両面があって、はじめて機能することと似ていませんか。

④「表現・鑑賞内容」の５つの基本的な要素と詳細図

ア)「表現対象／主題」、イ)「表現材料／素材／造形要素」、ウ)「表現形式」、エ)「表現様式」、オ)「表現技法・用具／知識」の５つの基本的な要素について、その具体的な内容の詳細を図にまとめると次のようになります。

ア) 表現対象／主題 (何を表現する)
　ⅰ 対象：人物・動物、生活・情景、自然・静物、空想・物語、造形・オブジェ、他
　ⅱ 主題：自分自身／造形感覚・感性、思想・心情、価値観・哲学、造形技法、造形技術、他

イ) 表現材料／素材／造形要素 (何で表現する)
　ⅰ 表現材料：自然材料、自然加工原材料、自然加工既製品、人工材料、人工加工既製品、他
　ⅱ 表現素材：雨や雪や水、空気や風、自然の情景、建物など人工物、場や空間、文字や記号、音や音楽、
　　　　　　言語や物語、他
　ⅲ 造形要素：色彩、形態、材質、触覚（視覚的触覚、触覚的視覚）、三原色、色彩の３要素（色相、明度、彩度）、
　　　　　　点、線、面、立体、構造、空間、抽象、具体、他

ウ) 表現形式 (どのように表現する)
　○ 平面（絵画・デザイン）、半立体、立体（彫塑・工芸）
　○ 心象的（絵画・彫塑）、適応的（デザイン・工芸）」
　　　※現行の中学校学習指導要領の内容領域
　○ 絵画・彫塑・デザイン・工作／工芸（木工、陶芸、竹芸、漆、染色、人形、他）
　　　※以前に学習指導要領の内容領域として整理されていた
　○ 漫画・映像（写真／映画／アニメーション）、他
　○ ファッション／衣装・舞台装置、他
　○ メイク／ヘアーメイク、他

エ) 表現様式 (どのように表現する)
　○ ギリシャ、ヘレニズム、ローマ、ビザンチン、ロマネスク、ゴシック、ルネッサンス、バロック、ロココ、他
　○ 飛鳥、白鳳、天平、貞観・弘仁、平安、室町、安土・桃山、元禄、化政、他
　○ 新古典主義、ロマン主義、写実主義、印象主義、後期印象主義、新印象主義、フォービズム、キュビズム、
　　アールヌーボー、シュールレアリズム、ダダイズム、象徴主義、抽象主義、他
　○ 土佐派、狩野派、琳派、古伊万里、古九谷、今右衛門、柿右衛門、他
　○ 具象、抽象、写実、装飾、他
　○ その他

オ) 表現技法・用具／知識 (どのように表現する)
　○ 表現技法・用具
　　材料処理に対する技法
　　・表現形式に対する技法
　　・表現様式に対する技法
　　・用具の使い方に対する技法
　　・他
　○ 知識
　　・美術史（時代や国、様式や人物、他）に対する知識
　　・材料に対する知識
　　・用具に対する知識
　　・他
　○ その他

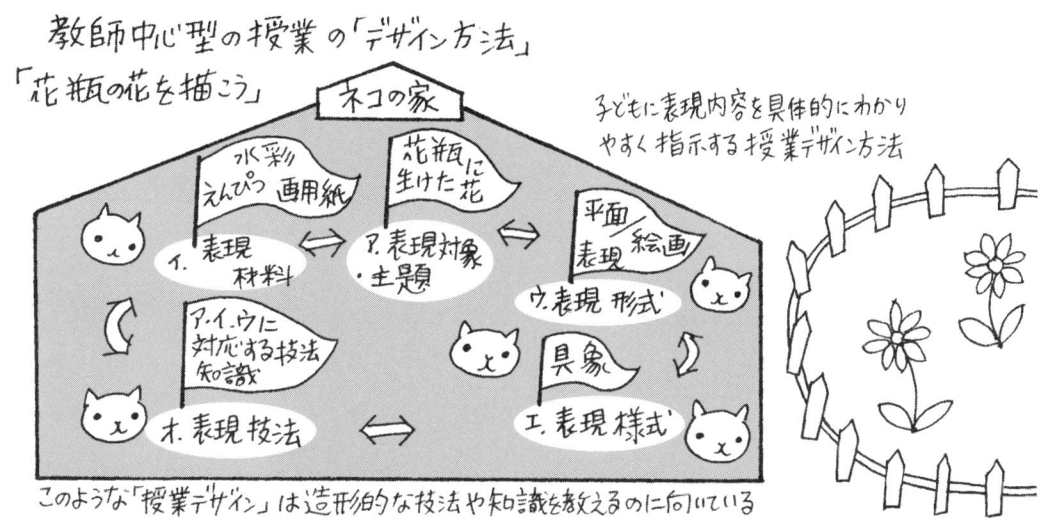

⑤「授業デザイン」「デザイン方法」と「表現・鑑賞内容」の５つの基本的な要素

　造形表現活動は「表現・鑑賞内容」としての５つの基本的な要素を追究していくことであると述べました。

　「授業デザイン」とは、基本的に、子どもが追究していくであろう造形表現活動における「表現・鑑賞内容」の５つの要素を、どのように選択、設定して授業をデザインするかということになります。

　また、「授業デザイン」としての「表現・鑑賞内容」の５つの要素を選択、設定する根拠は、「授業課題／目標」をより効果的に達成することにあります。

　それは、授業における活動の中で、子どもに「表現・鑑賞内容」としての５つの要素に対し、どの部分に強くかかわらせるか、「授業課題／目標」に合わせた５つの要素の選択、設定が大切であることを意味しています。

○教師中心型の授業の「デザイン方法」

　例えば、題材名、「花瓶の花を描こう」という授業では、５つの基本的な要素に対し、

　　ア）「表現対象／主題」：花瓶に生けた花

　　イ）「表現材料／素材／造形要素」：八切の画用紙、鉛筆、水彩絵の具、他

　　ウ）「表現形式」：平面（絵画／心象的）表現

　　エ）「表現様式」：具象的

　　オ）「表現技法・用具／知識」：イ、ウ、エ　に対応する技法や知識

のように、各要素を具体的に細かく設定した「授業デザイン」を行うとします。

　この授業は、「表現・鑑賞内容」に対して限定が多く、授業者の指導が強く現れた「授業デザイン」ということができます。

　つまり、この授業において、子どもは細かく具体的に設定された「表現・鑑賞内容」の

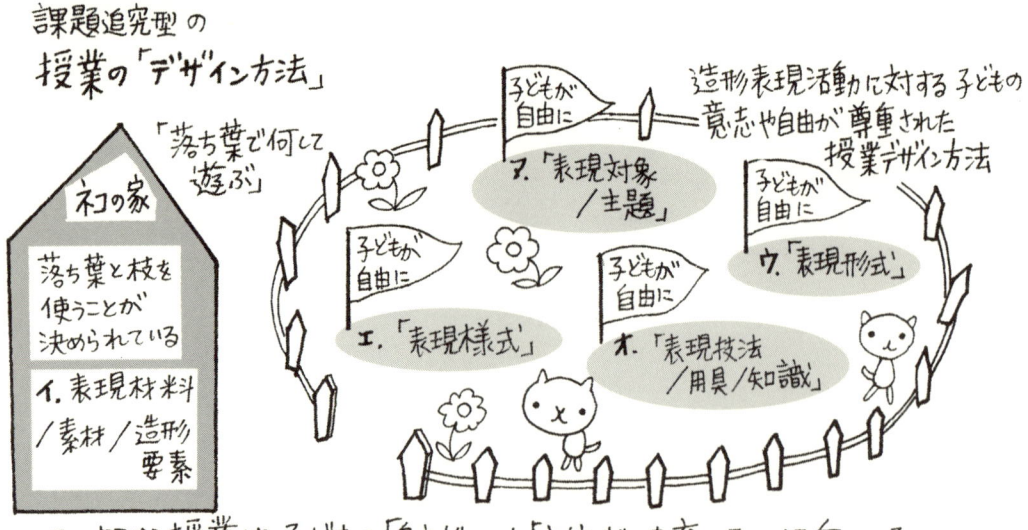

5つの要素に合わせて造形表現活動を行うことになり、表現に対する子どもの意志や自由度が押さえられた「授業デザイン」ということです。

このような「授業デザイン」は、表現・鑑賞活動における造形的な知識や技術を教えることに向いている教師中心型の授業の「デザイン方法」であることを意味します。

○児童・生徒中心型の授業の「デザイン方法」

活動名、「落ち葉と枝で何して遊ぶ?」という授業では、5つの基本的な要素に対し、

　　ア)「表現対象／主題」:子どもが自由に選択、決定する
　　イ)「表現材料／素材／造形要素」:落ち葉や枝木、他
　　ウ)「表現形式」:子どもが自由に選択、決定する
　　エ)「表現様式」:子どもが自由に選択、決定する
　　オ)「表現技法・用具／知識」:子どもが自由に選択、決定する

のように、イ)「表現材料／素材／造形要素」を「落ち葉や枝木」とし、他の要素に対しては具体的な内容の設定をしない「授業デザイン」を考えてみましょう。

この授業は「表現・鑑賞内容」の、イ)「表現材料／素材／造形要素」は「落ち葉や枝木」を使うことを指定し、他の要素に対しては、子どもは自由に思考、選択、追究ができるような、あるいは、自由に思考、選択、追究せざるを得ないような授業環境を設定した、ということになります。

この授業は、造形表現における、子どもの自由意志を尊重しようとする意図が強く現れた「授業デザイン」ということができます。

このような「授業デザイン」は、表現・鑑賞活動における子どもの自主性や主体性を育てるのに向いている児童・生徒中心型の授業の「デザイン方法」であることを意味します。

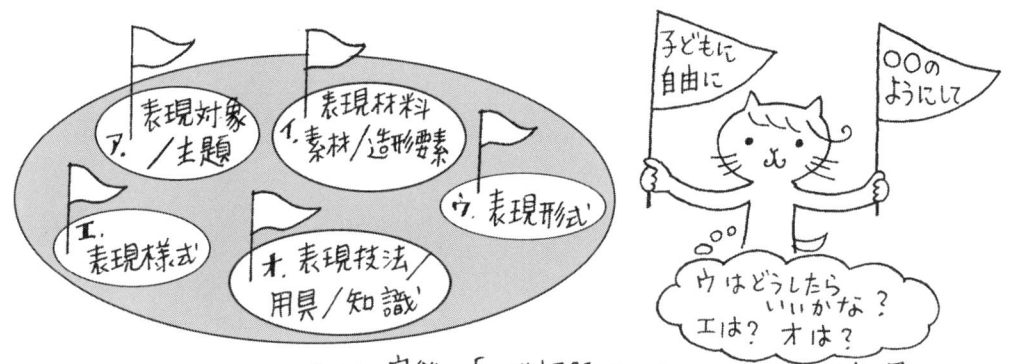

⑥「授業デザイン」と「デザイン条件」

　前項で、2つの極端な「授業デザイン」の例を述べました。

　「授業デザイン」とは、はじめに設定した「授業課題／目標」をより効果的に達成するために、まず、「表現・鑑賞内容」としての5つの基本的な要素を様々に選択、設定、構成（組み合わせ）をすることなのです。

　つまり、授業において造形表現活動を行うということは、子どもが「表現・鑑賞内容」としての5つの要素を追究、選択、発見、決定していくことであり、それぞれの要素は越えていかなければならない課題であるということです。

　「授業デザイン」とは、そうした課題を乗り越えさせるために、「表現・鑑賞内容」を開放したり、制御したりして、造形表現活動の環境を意図的に設定していくことであるともいえるでしょう。

　「表現・鑑賞内容」としての5つの要素を、どのように選択、設定、構成するか、**子どもの造形表現活動における情報選択の物理的な規模や範囲を「デザイン条件」**といいます。

　「授業デザイン」における「デザイン条件」の設定は、「授業課題／目標」を効果的に達成するために「子どもの実態」を考慮し、注意深く適切に行うことが大切になります。

　それでは、「デザイン条件」の設定の手順について述べていきます。

　まず「表現・鑑賞内容」としての5つの基本的な要素、ア）「表現対象／主題」、イ）「表現材料／素材／造形要素」、ウ）「表現形式」、エ）「表現様式」、オ）「表現技法・用具／知識」のそれぞれに対し、具体的に情報選択の物理的な規模や範囲を限定して示したり、子どもに自由に選択させたり、あるいは自由な選択の範囲を示したりすることです。

「デザイン条件」の設定は 授業における造形表現活動の ルールづくり
あるいは 子どもと授業者との契約

（図中の文字）
がんばるぞ
こんなことしてもいいですか？
こんなこともしてみたいですがどうですか？
学習の形態
イ．表現材料／素材／造形要素
活動の時間
ア．表現対象／主題
集団の質
ウ．表現形式
活動の計画
エ．表現様式
オ．表現技法／用具／知識
この授業では みなさんに このような力を つけたいので、このような ルールで 活動しますよ

次に、「学習形態」や「集団の質」の規模や範囲の条件を設定します。

「学習形態」とは、個人、小集団（グループ）、学級集団、学年集団などが挙げられます。

また、「集団の質」とは、異学年集団、男子集団、女子集団、能力・興味・関心等の違いが挙げられます。

さらに、当然のことですが、活動時間や活動計画、指導体制の設定も授業の「デザイン条件」と捉えることができます。

これら造形表現活動に対する自由度、あるいは情報選択の物理的な規模や範囲等、授業の**「デザイン条件」の設定は、授業における造形表現活動のルール作り、あるいは子どもと授業者との契約**と考えてもいいでしょう。

それは、先にも述べたように「子どもの実態」、つまり彼らがもっている造形的な情報処理能力や総合力を前提に考慮され、設定されていなければなりません。

子どもの造形表現活動が目標を見失い、ダッチロール（制御不能）を起こしているような授業の一般的な要因を見ると、自由の名のもとに「授業課題／目標」、「表現・鑑賞内容」、「その他の条件」等の設定について「子どもの実態」をはるかに超えた情報処理を要求していることが多いのです。子どもに与える無限大の自由は、必ずしも子どもの自主性や主体性、個性や創造性、あるいは造形的な情報処理能力や総合力を培うものではないということです。

⑦「授業デザイン」を授業の構成要素から捉えた授業の構造図

　「授業デザイン」を「家の設計デザイン」にたとえながら、「授業課題／目標」「表現・鑑賞内容」「デザイン方法」「デザイン条件」について述べてきましたが、これらは「授業構造」から捉えた授業の「構成要素」ということができます。つまり、「授業デザイン」の基盤となる授業の4つの「構成要素」ということです。そこで、これらを構造図としてまとめておくことにします。

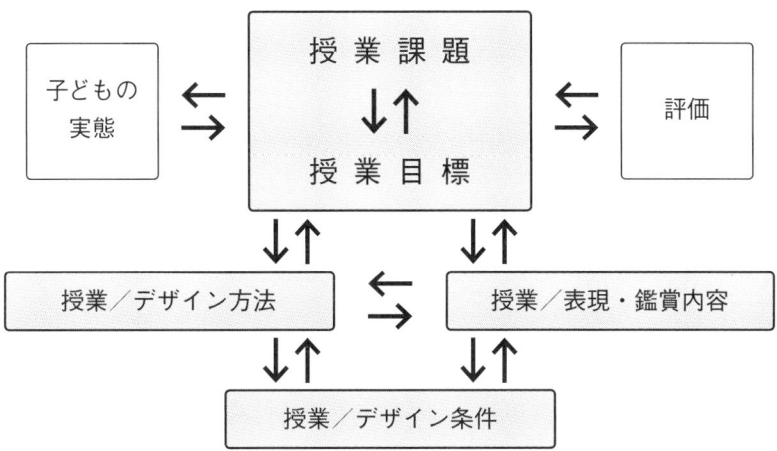

「表現・鑑賞内容」としての「対象」と「主題」の違いは！！！

　「造形表現」とは、造形的に「何を、何で、どのように表現するか？」を追究することです。

　ところで、「何を表現するか？」は、「対象」や「主題」ということになります。

　「対象」は「モチーフ」などともいいますが、単純な意味で、何を描く、何をつくるなど、表現する「対象物」を指すことが多いでしょう。

　「主題」は、表現する「対象」を通し、技術的なものごとから、考え方や心情、あるいは、価値観を含めた思想や哲学などを指します。

　例えば、絵を描くのに「対象」として「バラ」を選んだとします。「バラ」の色や形、材質を捉えて表現します。このとき、対象として「バラ」を描くことを通して、「生き生きとしたバラの生命力」を表現したいとすると、これが「主題」となります。

　同じ対象として「バラ」を描いても、「主題」として「美しいバラも、いずれは萎れて枯れていく、ものの哀れ」を表現したいとすることもあります。

　このように、「主題」は、表現対象が同じであっても、表現者によって全く異なったものになるのです。また、「主題」は、小さく、浅い主題から大きく、深い主題まで、多様に考えられるのです。

　「造形表現」において、「主題」は大切な要素であることがわかります。

3 授業デザインと授業分析

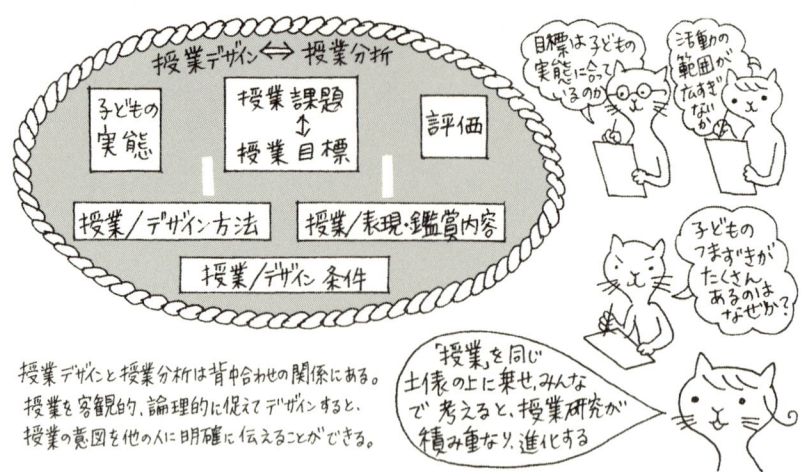

「授業デザイン」は、「授業課題／目標」「表現・鑑賞内容」「デザイン方法」「デザイン条件」の4つの要素で構成されていることを述べてきました。また、授業の構成要素としての「表現・鑑賞内容」は、5つの基本的な要素をもっています。それらを様々に組み合わせて「授業デザイン」を行うことになります。

授業を構成している「授業課題／目標」「表現・鑑賞内容」「デザイン方法」を捉えて「授業デザイン」を行うと、その授業の意図や論拠が明確になります。

それは、当然のこととして、自ら行う授業を客観的、論理的に捉えて分析することでもあります。

また、一方この考え方や方法で他の授業を分析、評価することもできるでしょう。

ともすると図工・美術の授業分析は、雰囲気的であったり、「授業・鑑賞内容」が子どもの視点だけから一方的に捉えられていたりする等、バランスが悪いことがあります。最も問題なのは、「授業課題／目標」が曖昧で、子どもに何を教え育てたいのかわからない授業があることです。

逆に研究協議会で授業に設定されていない「授業課題／目標」の視点から授業分析、評価されることなどもあります。

授業を雰囲気的に捉えて評論するのではなく、授業の論拠となっている「授業課題／目標」に対して、その「表現・鑑賞内容」「デザイン方法」「デザイン条件」の視点から、授業に対するそれらの妥当性を捉えるようにすると、授業分析に客観性や論理性が出てくるはずです。

そうした教育研究のあり方は、造形教育の研究内容を論理的に蓄積していくことになり、造形教育学そのものを進化させていくことにもなるのです。

II

授業デザインの試作

授業のデザイン方法として
「示範型」「課題追究型」「造形遊び」の授業について、
[参照：IV 授業デザインと授業分析の理論／4 授業の構成要素、「授業／デザイン方法」]
その意味とそれらの典型的な授業デザインの例を
具体的に述べていきます。

授業デザインの文言

　授業デザインを試作するにあたり、はじめにいくつかの文言の意味や使い方について述べておきます。

○「授業課題／目標」について
　まず、「授業課題」と「授業目標」の文言の使い分けについて説明しておきます。ここでは授業者が子どもに教え育てたい内容を「授業課題」とし、子ども自身にもたせる達成したい内容を「授業目標」としています。あえて「課題」と「目標」という文言を使い分けたのは、授業者が授業を通して子どもに何を教え、育てたいのか、という教育的な意図を明確に示すためです。

○「総括的な授業目標」と「観点別目標」について
　「授業課題」を受け、授業全体を通して捉えた目標を「総括的な授業目標」とし、4つの観点から捉えた「観点別目標」と区別して示しました。
　「観点別目標」は、学習指導要領の4つの「観点別評価」に対応した目標です。
　また、授業における評価とは、はじめに設定した目標の実現、達成状況をみるもので、設定していない目標を評価することはできないし、評価する必要もないのです。

○「活動テーマ」の設定と「題材名／活動名」について
　「活動テーマ」と「題材名／活動名」は、必ずしも同じものではありません。しかし、子どもに示す「題材名／活動名」は、活動内容をイメージさせる重要な要素です。ですから「題材名／活動名」の設定は、「活動テーマ」を含めたものであることが望ましいということになります。
　ところで図画工作・美術科では、「題材名」という文言が使われてきました。これは「題材」の知識や技術を教えることを課題としてきた「指導・示範型」の授業に向いているということです。例えば、「○○をつくろう」や「○○を描こう」など、主として表現の結果や作品を表したものが多いのです。つまり、完成した作品を子どもにイメージさせる「題材名」ということです。
　一方、子どもに問いかけるような「活動テーマ」を設定して行う「課題追究型」の授業では、結果としての作品を求めるのではなく、造形表現活動そのものを追究することが求められることになります。そこで「課題追究型」や「総合型」では「活動名」としたほうがよいと考え、ここではそのように使い分けることにしました。

○ サブタイトルについて

　「題材名／活動名」にサブタイトルをつけました。これは必ずつけなければならないものではありません。しかし、「題材名／活動名」だけでは表せない内容を、視点を変えて補足するときに使います。ですから、「題材名／活動名」と同じ視点で示されたサブタイトルは、効果的とはいえません。

○「表現・鑑賞内容」における「表現活動の概要」について

　「表現活動の概要」は、授業における活動全体の流れを俯瞰し、つかんでおくために書きます。授業全体の流れを子どもの活動内容の視点から簡潔に示します。これを読めば、おおむね子どもの活動を見渡せることになります。

○「表現・鑑賞内容」と「デザイン条件」の設定について

　表現・鑑賞内容の５つの要素に対し、デザイン条件を明確に設定します。

　つまり、どの要素について授業者の条件指示に従い、またどの要素について自由に選択したりできるのかなど、授業における子どもとの活動契約と考えていいでしょう。

　それは授業者が設定した「授業課題／目標」を達成するために子どもに課したハードルであると考えてもいいのです。ここは「授業デザイン」の心臓部であるのです。

○「その他のデザイン条件」の設定について

　ここでは、表現・鑑賞内容の５つの要素以外のデザイン条件の設定をします。

　授業時数を含めた授業計画や授業の物理的な環境条件、個人制作やグループ制作、学年や集団の質、指導体制など、授業の特徴的な内容のデザイン条件を必要に応じて設定します。

○「授業デザイン・授業分析表」について

　「授業デザイン・授業分析表」は、授業デザインをわかりやすく表としてまとめたものです。

　この表は、自らが授業デザインを行うときにも、他の授業を参観して分析するときにも使います。項目の視点に従って授業デザイン、授業分析することができるので、大切な授業の構成要素を見落とすことがなくなります。また、大掴みに授業のメモなどをとるときにも、この表を使うことができます。

1 教師中心型／「指導・示範型」の授業デザイン

1.「指導・示範型」の授業デザインの意味

　デザイン方法としての「指導・示範型」の授業は、積極的に教師が子どもを引っ張っていく**教師中心型**の授業であると述べました。

　造形教育における「指導・示範型」の授業デザインとは、あらかじめ子どもに具体的に表現技法を師範したり、参考資料として模範作品を見せたりするなどしながら「知識や技術」を子どもが間違えないように具体的に教えていく方法です。

　つまり、何を、何で、どのように表現するか、授業者がほとんどの段取りを示していくことになります。それは、多くの子どもたちに知識や技術を合理的に短時間で教えるのに向いている方法といえるのです。

2.「指導・示範型」の授業デザインの具体例

　それでは具体的に「指導・示範型」の授業デザインの例を「授業課題／目標」の設定や「表現・鑑賞内容」の5つの基本的な要素の選定などを通して述べていくことにします。

　扱う学年は6年生の児童を想定して授業デザインを試作することにしました。

①「授業課題／目標」の設定について

◎「授業課題」

　6年生の子どもに、のこぎりや金槌の使い方、釘の打ち方、木取りの方法など、木工作の技術を養いたい。また、それらの技術を使い、日常に使える本箱をつくり、役立つものをつくる楽しさを経験させたい。

◎総括的な授業目標

　板材を使って日常に使える本箱をつくり、のこぎりや金槌の使い方、釘の打ち方、木取りの方法など、楽しみながら木工の技術を養う。

○観点別目標（興味・関心、発想・構想、創造的な技能、鑑賞）

　・板材を使って本箱を楽しみながらつくることを通し、木工作に興味や関心をもつ。
　・つくりたい本箱を想像し、つくる手順を考える。
　・のこぎりや金槌の使い方、釘の打ち方、木取りの方法を知り、丈夫な本箱をつくる。
　・自分や友達の活動や作品を見ながら、金槌の使い方、釘の打ち方、木取りの方法、組み立てなど、的確に本箱ができたかを考える。

②授業デザイン方法の選択について

　板材を使って本箱をつくることを通して、木工作に対する知識や技術を的確に身につけさせるために**「指導・示範型」の授業デザイン方法**を選択する。

③活動テーマの設定（題材名）について

　この授業では、「表現対象」である「本箱」をつくることが課題であるので、**「題材名」を「本箱をつくる」**とわかりやすく明確に設定しました。また、この授業のもうひとつの課題である「知識・技術」の視点から、**サブタイトルを「－木工作の知識や技術を使って－」**としました。

④表現・鑑賞内容について

○**表現活動の概要**

　本箱の作例を見て、与えられた板材を使ってつくることができる本箱をアイディアスケッチする。次に、描いたアイディアスケッチをもとに、板を無駄なく使えるように木取りをする。木取りをした板をのこぎりで切ったり、紙やすりなどで磨いたり、木を組み立てたり、釘を打ったりするなどして丈夫な本箱をつくる。

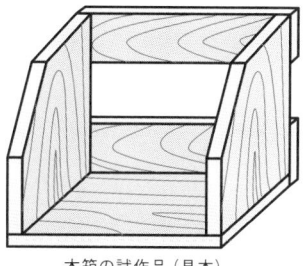

木箱の試作品（見本）

○**表現・鑑賞内容とデザイン条件の設定について**

　「指導・示範型」のデザイン方法は、「課題追究型」の授業デザインに比べると子どもの選択肢が少なく、単純な単線型の構成になります。授業者が表現・鑑賞内容の5つの要素、すべてに対して条件を指定し、選択の余地が少ないということです。ここでは、「授業課題／目標」にあわせ、「表現・鑑賞内容」の5つの要素を次のように設定しました。

　ア）表現対象／主題（何を表現する）：使いやすく、丈夫な本箱。

　イ）表現材料／素材／造形要素（何で表現する）：板材（90cm×12cm×1cm）、釘、紙やすり、鉛筆、スケッチブック、その他。

　ウ）表現形式（どのように表現する）：立体、工作。

　エ）表現様式（どのように表現する）：特になし。

　オ）表現技法・用具／知識（どのように表現する）：木取りの方法、鋸の使い方・切り方、金槌の使い方・釘の打ち方、紙やすりの使い方・木の磨き方、その他。

⑤その他のデザイン条件の設定について

　「表現・鑑賞内容」以外のデザイン条件の設定を次のように行いました。

・授業計画：10時間

　第1次：活動内容を知り、計画を立てる。（1時間）

　第2次：木取りをする。（2時間）

　第3次：木を切る、磨く、釘を打つ、組み立てるなどしてつくる（6時間30分）

　第4次：使いやすく、丈夫な本箱が完成したか、その特徴やよさを相互に見つける。
　　　　（15分）

・示した製作の手順（上記授業計画）や技術指導にしたがって活動する。

・個人制作とする。

3. 授業デザイン・授業分析表

題材名：本箱をつくる
　　　　－木工作の知識や技術を使って－　【6年・10時間】

① 授業課題／目標

◎ 授業課題
のこぎりや金槌の使い方、釘の打ち方、木取りの方法、木工作の技術を養う。また、それらの技術を使い、日常に使える本箱をつくり、役立つものをつくる楽しさを経験させたい。

◎ 総括的な授業目標
板材を使って日常に使える本箱をつくり、のこぎりや金槌の使い方、釘の打ち方、木取りの方法など、楽しみながら木工作の技術を養う。

○ 観点別目標（興味・関心、発想・構想、創造的な技能、鑑賞）
・板材を使って本箱を楽しみながらつくることを通し、木工作に興味や関心をもつ。
・つくりたい本箱を想像し、つくる手順を考える。
・のこぎりや金槌の使い方、釘の打ち方、木取りの方法などを知り、丈夫な本箱をつくる。
・自他の活動や作品を見ながら、金槌の使い方、釘の打ち方、木取りの方法、組み立てなど、的確に本箱ができたかを考える。

② デザイン方法

板材を使って本箱をつくることを通して、木工作に対する知識や技術を的確に身につけさせるため、指導・示範型の授業デザイン方法をとる。

④ 表現・鑑賞内容

○ 表現活動の概要
作例を見て、与えられた板材を使って、つくることができる本箱をアイディアスケッチする。次に、描いたアイディアスケッチをもとに、板を無駄なく使えるように木取りをする。木取りをした板をのこぎりで切ったり、紙やすりなどで磨いたり、木を組み立てたり、釘を打ったりするなどして丈夫な本箱をつくる。

○ 表現・鑑賞内容とデザイン条件の設定
ア）表現対象／主題（何を表現する）：使いやすく、丈夫な本箱。
イ）表現材料／素材／造形要素（何で表現する）：板材（90㎝×12㎝×1㎝）、釘、紙やすり、鉛筆、スケッチブック、その他。
ウ）表現形式（どのように表現する）：立体、工作。
エ）表現様式（どのように表現する）：特になし。
オ）表現技法・用具／知識（どのように表現する）：木取りの方法、鋸の使い方・切り方、金槌の使い方・釘の打ち方、紙やすりの使い方・木の磨き方、その他。

③ 活動テーマ

本箱をつくる
　－木工の知識や技術を使って－

⑤ その他のデザイン条件

・授業計画：10時間
　第1次：活動内容を知り、計画を立てる。（1時間）
　第2次：木取りをする。（2時間）
　第3次：木を切る、磨く、釘を打つ、組み立てるなどしてつくる。（6時間30分）
　第4次：使いやすく、丈夫な本箱が完成したか、その特徴やよさを相互に見つける。（15分）
・示した製作の手順（上記授業計画）や技術指導にしたがって活動する。
・個人制作とする。

指導・支援に関するポイント

・見本資料として本箱を試作して示す。
・見本の本箱の木取り図や板の組み合わせ断面図などを黒板に書いて示す。
・子どもを集め、鋸の引き方、金槌の使い方、釘の打ち方などを師範し、技術指導をする。
・技術的につまずいている子に対しては、個人指導をする。
・板を押さえたり教え合ったりするなど、相互に協力し合って活動できるような授業環境をつくる。

児童・生徒中心型／「課題追究型」の授業デザイン

1.「課題追究型」の授業デザインの意味

　デザイン方法としての「課題追究型」の授業は、子どもの自由意志を尊重する児童・生徒中心型の授業であると述べました。

　造形教育において「課題追究型」の授業デザイン方法とは、子どもに造形的な課題（テーマ）を与え、それらをもとに子ども自らが設定した課題を自主的、主体的に追究させていく方法です。

　授業者は子どもが活動しやすい造形的な課題（テーマ）や表現・鑑賞内容を設定したり、環境を整えたりします。さらに授業においては、子どもの造形表現活動における「何を、何で、どのように表現するか？」など、課題（テーマ）の追究を促したり、支援したりしていきます。

　このような「授業デザイン」は、「何を、何で、どのように表現するか？」、つまり表現対象や主題、表現材料、表現形式、表現技法などを自ら選んだり見つけたり、あるいは決めたりするなど、造形表現活動における自主性や主体性を育てるのに向いている方法といえるのです。

2.「課題追究型」の授業デザインの具体例

　それでは具体的に「課題追究型」の授業デザインの例を「授業課題／目標」の設定や「表現・鑑賞内容」の5つの基本的な要素の選定を通して述べていくことにします。

　ここでは、前述した「示範型」の授業デザインとの違いを明確にするために中心的な材料として同じ「板材」を使い、6年生の「課題追究型」の授業デザインとして試作してみます。

① 「授業課題／目標」の設定について

◎「授業課題」

　板材で表現する活動を通して自らの表現対象や主題を自主的、主体的に見つけたり、それらを効果的に達成したりするための表現材料や技法の活用など、板材を使った造形表現の追究力を育てたい。

◎ 総括的な授業目標

　板材を生かし、表現したいものを見つけ、それらを効果的に表現できる材料や技法を選んだり使ったりするなどの試行錯誤を繰り返しながら、自らの表現を追究する。

○ 観点別目標（興味・関心、発想・構想、創造的な技能、鑑賞）

　・板材を使い、自らが表現したいものを見つけたり追究したりする自主的、主体的な造

形表現活動に興味や関心をもつ。
・板材を生かした造形表現の対象や主題を思いつく。
・板材を使い、自らが思いついた造形表現を追究するため、木工用具や材料を適切に選んだり活用したりする。
・自他の活動や表現を見ながら、相互の表現対象や主題、技法や材料の使い方など、表現の特徴や違い、よさを見つけたり考えたりする。

②**授業デザイン方法の選択について**

板材を使った造形表現を通して、表現対象や主題、表現材料、表現形式、表現技法を自ら選んだり見つけたり、決めたりするなど、造形表現活動における自主性や主体性を育てることを中心的な授業課題とするため、課題追究型の授業デザイン方法を選択しました。

③**活動テーマの設定（活動名）について**

この授業は、表現対象や主題、表現材料、表現形式、表現技法などを自ら選んだり見つけたり、決めたりする活動なので、子どもに**「1枚の板から何つくる!!」**と課題（テーマ）を問いかけるような**「活動名」**にしました。また、この授業では自らが自主的、主体的に考えていくことが課題であることを補足、強調して示すために、**サブタイトル**を「**－つくりたいものや方法を考えながら－**」としました。

④**表現・鑑賞内容について**

○**表現活動の概要**

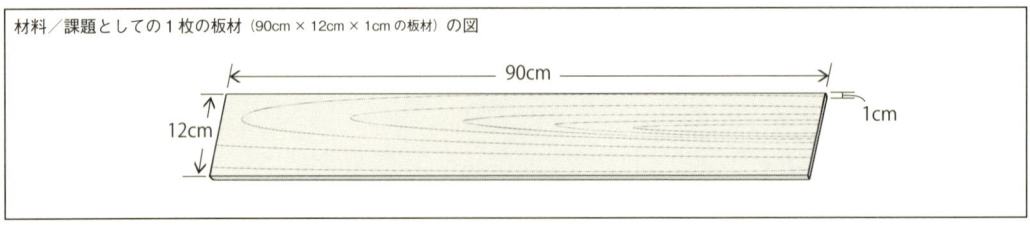

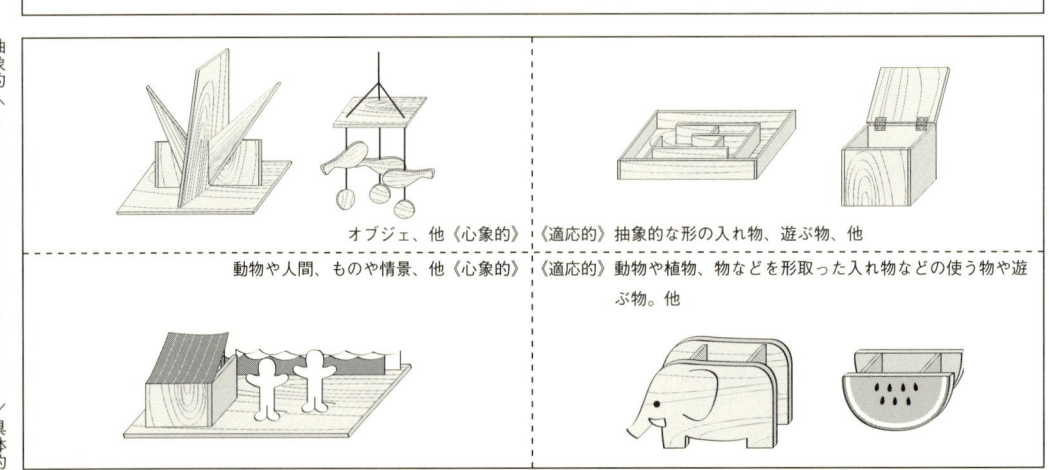

1枚の板材から、どのようなものを表現したいか、あるいはできるか（立体的な表現として）を考えることを授業の契機（活動テーマ）としました。

　表現対象／主題としては左図のような表現の可能性が考えられるので、話し合いの中で出たものを整理して板書するようにします。表現対象が決まったら、スケッチをしたり木取りをしたりします。さらに鋸で切る、板を磨く、板を組み合わせる、釘を打って接続する、接着剤で接着するなどしながらつくりたいものを表現していきます。必要に応じて、準備した補助材料を付け加えて表現したりもします。

○**表現・鑑賞内容とデザイン条件の設定について**

　「授業課題／目標」にあわせ、表現・鑑賞内容の5つの要素に対し、デザイン条件を次のように設定しました。

　ア）表現対象／主題（何を表現する）：何を表現するか、各自が決める。

　イ）表現材料／素材／造形要素（何で表現する）：板材（90cm×12cm×1cm）、釘、紙やすり、鉛筆、スケッチブック、木工用接着剤、各自が必要とする材料（できるだけ自然材料とする）、その他。

　ウ）表現形式（どのように表現する）：立体、工作、オブジェ。

　エ）表現様式（どのように表現する）：具象形、抽象形。

　オ）表現技法・用具／知識（どのように表現する）：木取りの方法、鋸の使い方・切り方、金槌の使い方・釘の打ち方、紙やすりの使い方・木の磨き方、接着方法、その他。

⑤**その他のデザイン条件の設定について**

　「表現・鑑賞内容」以外のデザイン条件の設定を次のように行いました。

・授業計画：10時間

　第1次：活動内容を知り、つくりたいものを決める。（1時間）

　第2次：アイディアスケッチや木取りをする。（2時間）

　第3次：木を切る、磨く、釘を打つ、組み立てるなど、表現する。（6時間30分）

　第4次：各自の表現の特徴や違い、よさなどを相互に見つける。（15分）

・各自が決めた対象や主題、手順にあわせて活動する。

・個人制作とする。

3. 授業デザイン・授業分析表

活動名：一枚の板から何つくる!!
　　　　ーつくりたいものや方法を考えながらー　　【6年・10時間】

① 授業課題／目標

◎授業課題
　板材で表現する活動を通して自らの表現対象や主題を自主的、主体的に見つけたり、それらを効果的に達成したりするための表現材料や技法の活用など、板材を使った造形表現の追究力を育てたい。

◎総括的な授業目標
　板材を生かし、表現したいものを見つけ、それらを効果的に表現できる材料や技法を選んだり使ったりするなどの試行錯誤を繰り返しながら、自らの表現を追究する。

○観点別目標（興味・関心、発想・構想、創造的な技能、鑑賞）
・板材を使い、自らが表現したいものを見つけたり追究したりする自主的、主体的な造形表現活動に興味や関心をもつ。
・板材を生かした造形表現の対象や主題を思いつく。
・板材を使い、自らが思いついた造形表現を追究するため、木工用具や材料を適切に選んだり活用したりする。
・自他の活動や表現を見ながら、相互の表現対象や主題、技法や材料の使い方、表現の特徴や違い、よさを見つけたり考えたりする。

② デザイン方法

板材を使った造形表現を通して、表現対象や主題、表現材料、表現形式、表現技法などを自ら選んだり見つけたり、あるいは決めたりするなど、造形表現活動における自主性や主体性を育てることを中心的な授業課題とするため、課題追究型の授業デザイン方法を選択する。

③ 活動テーマ

1枚の板から何つくる！
　ーつくりたいものや方法を考えながらー

④ 表現・鑑賞内容

○ 表現活動の概要
　1枚の板材から、どの様なものを表現したいか、あるいはできるか（立体的な表現として）を考えることを授業の契機（活動テーマ）とする。
　話し合いをしながら表現対象・主題の可能性を考え、各自が決めていく。およその表現対象が決まったら、スケッチをしたり木取りなどをしたりする。さらに鋸で切る、板を磨く、板を組み合わせる、釘を打って接続する、接着剤で接着するなどしながらつくりたいものを表現していく。必要に応じて、各自が準備した補助材料を付け加えて表現する。

○ 表現・鑑賞内容とデザイン条件の設定
ア）表現対象／主題（何を表現する）：何を表現するか、各自が決める。
イ）表現材料／素材／造形要素（何で表現する）：板材（90cm×12cm×1cm）、釘、紙やすり、鉛筆、スケッチブック、木工用接着剤、各自が必要とする材料（できるだけ自然材料とする）、その他。
ウ）表現形式（どのように表現する）：立体、工作、オブジェ。
エ）表現様式（どのように表現する）：具象形、抽象形。
オ）表現技法・用具／知識（どのように表現する）：木取りの方法、鋸の使い方・切り方、金槌の使い方・釘の打ち方、紙やすりの使い方・木の磨き方、接着方法、他。

⑤ その他のデザイン条件

・授業計画：10時間
　第1次：活動内容を知り、つくりたいものを決める。(1時間)
　第2次：アイディアスケッチや木取りをする。(2時間)
　第3次：木を切る、磨く、釘を打つ、組み立てるなど、表現する (6時間30分)
　第4次：各自の表現の特徴や違い、よさなどを相互に見つける。(15分)
・各自が決めた対象や主題、手順にあわせて活動する。
・個人制作とする。

指導・支援に関するポイント

・1枚の板から表現できるものの可能性を整理し、黒板に図に描いて示す。
・必要に応じ、子どもを集め、鋸の引き方、金槌の使い方、釘の打ち方などを師範し、技術指導をする。
・技術的につまずいている子に対しては、個人指導をする。
・板を押さえたり教え合ったりするなど、相互に協力し合って活動できるような授業環境をつくる。

3 児童・生徒中心型／「造形遊び」の授業デザイン

1. 授業デザインから捉えた「造形遊び」の意味

　学習指導要領の「内容」A表現（1）が「造形遊び」です。子どもに表現材料を与えて遊ばせる、という単純な活動内容です。しかし、「なぜ子どもを授業で遊ばせるのか？」という声もあるように、授業の意味や根拠を理解しにくく、難しい授業と考えられているようです。

　一般的に子どもの「遊び」は、自らが遊びたいものごとを自らが選んだり決めたりして成立しています。私は「遊び」が包含している、こうした意味を授業に取り入れたのが「造形遊び」であると考えています。

　「材料や場、空間をもとに」した「造形遊び」を「授業デザイン」から捉えると次のようになります。

　「材料や場、空間をもとに」は活動の契機であり、「活動テーマ（課題）」ということになります。また、子どもが「造形的に遊ぶ」ことは、自らの造形的な「課題を追究する」こと、と言い換えることができます。

　つまり、A表現（1）の「造形遊び」は、「活動テーマ（課題）」として「材料や場、空間」を取り上げること、さらに「デザイン方法」として「課題追究型」の授業を行うことを一つに括った「内容」である、ということができるのです。

2.「造形遊び」（課題追究型）の授業デザインの具体例

　それでは具体的に「造形遊び（課題追究型）」の授業デザインを試作していきます。ここでは、中心的な材料として「落ち葉」を使った3年生の「造形遊び」を想定して授業デザインを行います。

①「授業課題／目標」の設定について

◎「授業課題」

　秋に紅葉した落ち葉や校庭・公園の自然環境などを使って友達と遊んだりつくったりする活動を通し、自然にあるものや環境を素材とした造形表現活動の楽しさを経験させる。

　また、落ち葉の色や形、自然環境を生かした活動を通し、表現対象や主題を自主的、主体的に見つけるなど、造形表現の追究力を育てたい。

◎**総括的な授業目標**

　落ち葉や校庭・公園など、自然にあるものや環境を素材とした造形表現活動の楽しさを味わう。また、友達と協力しながら、落ち葉の色や形、自然環境などを生かした遊びやつ

くってみたいものを思いついたり表現したりするなど、自主的、主体的な造形活動を追究することができる。

○**観点別目標（興味・関心、発想・構想、創造的な技能、鑑賞）**
- 落ち葉の色や形、自然環境などを生かした造形表現活動の楽しさを味わう。
- 落ち葉の色や形、自然環境などを生かした遊びやつくってみたいものなど、造形表現の対象や主題を思いつく。
- 落ち葉の色や形、自然環境などを生かし、思いついた造形表現を追究するための用具や材料などを選んだり活用したりする。
- 自他の落ち葉を使った活動や表現を見ながら、相互の表現対象や主題、材料や技法の使い方など、表現の特徴や違い、よさを見つけたり考えたりする。

②**授業のデザイン方法の選択について**

「造形遊び」として、落ち葉の色や形、自然環境などを生かした自由な造形表現活動の楽しさを経験させたり、自主的、主体的な関わり方を学ばせたりすることを中心的な授業課題とするため、「課題追究型」の授業デザイン方法となります。

③**活動テーマの設定（活動名）について**

この授業では、自主的、主体的な活動を促す「造形遊び」の授業であるので、子どもに、**「落ち葉がいっぱい、何して遊ぶ？」**と、使う材料と課題（テーマ）を問いかけるような「活動名」にしました。

サブタイトルは、この活動で大切な色と形（造形要素）と落ち葉を扱う具体的な方法（技法）を補足、強調して**「－色と形、並べたり、つないだり、つるしたり－」**としました。

④**表現・鑑賞内容について**

○**表現活動の概要**

校庭や公園などで落ち葉をたくさん集めて、落ち葉の上に寝そべったり、飛ばしたりするなどして遊ぶ。遊びの中から落ち葉の色や形の違いや面白さなど、造形的な特徴に注目していきます。

それらを地面に並べたり、つないで木に吊して飾ったり、自分や友達の飾りにするなど、つなぎ方や吊し方の方法なども工夫しながら、どのような遊びができるか、造形的な表現の可能性を広げていきます。

落ち葉や校庭・公園とその環境を使った遊び(造形活動)		
対象／主題		
純粋造形(オブジェ)、遊ぶもの、飾るもの、他		
造形要素(造形性)	造形的な活動(行為)	技術的な要素(造形技法)
・葉の色や形、大きさ、材質 ・校庭の環境(場や空間／木々、遊具、他)	並べる、組み合わせる、つなげる、吊す、結ぶ、編む、他	切り方(はさみ)、貼り方(接着剤)、つなぎ方(接着剤、ステープラー)、吊し方／結び方／編み方(ひも類)、他

(図 落ち葉を使った造形遊びの活動の可能性)

○表現・鑑賞内容とデザイン条件について

「授業課題／目標」にあわせ、「表現・鑑賞内容」の５つの要素に対し、デザイン条件を次のように設定しました。

　ア）表現対象／主題(何を表現する)：何をして遊ぶか、あるいは表現するか、各自が決める。

　イ）表現材料／素材／造形要素(何で表現する)：落ち葉、細枝、麻ひも、ビニール袋、セロハンテープ、木工用接着剤、各自が必要とする材料(自然材料とする)、その他。

　ウ）表現形式(どの様に表現する)：立体、工作、装飾、遊び。

　エ）表現様式(どの様に表現する)：特になし(具象形、抽象形)。

　オ）表現技法・用具／知識(どの様に表現する)：はさみの使い方・切り方、ステープラー、はさみ、接着方法、その他。

⑤その他のデザイン条件の設定について

「表現・鑑賞内容」以外のデザイン条件の設定を次のように行いました。

　・授業計画：４時間

　　第１次：落ち葉を集める。(１時間)

　　第２次：落ち葉を使って遊んだりつくったりする。(2.5時間)

　　第３次：落ち葉を使った活動の特徴や違い、よさなどを相互に見つける。(0.5時間)。

　・個人制作、共同制作のどちらでもよしとする。

　・範囲を指定した場所で活動する。

3. 授業デザイン・授業分析表

活動名：落ち葉がいっぱい、何して遊ぶ!!
　　　　　－色と形、並べたり、つなげたり、つるしたりー　　　［3年・4時間］

① 授業課題／目標

◎ 授業課題
秋に紅葉した落ち葉や校庭・公園の自然環境などを使って友達と遊んだりつくったりする活動を通し、自然にあるものや環境を素材とした造形表現活動の楽しさを経験させる。
また、落ち葉の色や形、自然環境を生かした活動を通し、表現対象や主題を自主的、主体的に見つけるなど、造形表現の追究力を育てたい。

◎ 総括的な授業目標
落ち葉や校庭・公園など、自然にあるものや環境を素材とした造形表現活動の楽しさを味わう。また、友達と協力しながら、落ち葉の色や形、自然環境などを生かした遊びやつくってみたいものを思いついたり表現したりするなど、自主的、主体的な造形活動を追究することができる。

◎ 観点別目標（興味・関心、発想・構想、創造的な技能、鑑賞）
・落ち葉の色や形、自然環境などを生かした造形表現活動の楽しさを味わう。
・落ち葉の色や形、自然環境などを生かした遊びやつくってみたいものなど、造形表現の対象や主題を思いつく。
・落ち葉の色や形、自然環境などを生かし、思いついた造形表現を追究するための用具や材料などを選んだり活用したりする。
・自他の落ち葉を使った活動や表現を見ながら、相互の表現対象や主題、技法や材料の使い方、表現の特徴や違い、よさを見つけたり考えたりする。

② デザイン方法

「造形遊び」として、落ち葉の色や形、自然環境などを生かした自由な造形表現活動の楽しさを経験させたり、自主的、主体的な関わり方を学ばせたりすることを中心的な授業課題とするため、課題追究型の授業デザイン方法とした。

③ 活動の課題／テーマ

落ち葉がいっぱい、何して遊ぶ!!
－色と形、並べたり、つなげたり、つるしたりー

④ 表現・鑑賞内容

○ 表現活動の概要
校庭や公園などで落ち葉をたくさん集めて、落ち葉の上に寝そべったり、とばしたりするなどして遊ぶ。遊びの中から落ち葉の色や形の違いや面白さなど、造形的な特徴に注目していく。それらを地面に並べたり、つないで木に吊して飾ったり、自分や友だちの飾りにするなど、つなぎ方や吊し方の方法なども工夫しながら、どの様な遊びができるか、造形的な表現の可能性を広げていく。

○ 表現・鑑賞内容とデザイン条件の設定
ア）表現対象／主題(何を表現する)：何をして遊ぶか、あるいは表現するか、各自が決める。
イ）表現材料／素材／造形要素(何で表現する)：落ち葉、細枝、麻ひも、ビニル袋、セロハンテープ、木工用接着剤、各自が必要とする材料(自然材料とする)、その他。
ウ）表現形式(どの様に表現する)：立体、工作、装飾、遊び。
エ）表現様式(どの様に表現する)：特になし(具象形、抽象形)。
オ）表現技法・用具／知識(どの様に表現する)：はさみの使い方・切り方、ステープラー、接着方法、その他。

⑤ その他のデザイン条件

・授業計画：4時間
　第1次：落ち葉を集める。(1時間)
　第2次：落ち葉を使って遊んだりつくったりする。(2.5時間)
　第3次：落ち葉を使った活動の特徴や違い、よさなどを相互に見つける。(0.5時間)。
・個人制作、共同制作のどちらでもよしとする。
・範囲を指定した場所で活動する。

指導・支援に関するポイント

・気楽な落ち葉遊びが表現活動につながるように支援する。
・落ち葉の様々な形や大きさの違い、色の違いなどに気づかせる。
・並べ方や組み合わせ方、つなぎ方や吊り方など、技術的な処理の方法について気づかせる。
・場や空間を生かした立体的な表現や飾りやファッションなど、装飾的な表現の可能性にも気づかせる。
・技術的につまずいている子に対しては、個人指導をする。
・友達と協力して表現を拡大していくような活動の可能性にも気づかせる。

III

授業デザインの具体例

授業デザインを
「基本的な表現材料が同じで授業課題／目標が異なる授業デザイン」
「表現活動内容の５つの要素を、授業の活動テーマにした授業デザイン」
「授業課題／目標を捉えて行う授業デザイン」
の３つの視点から
具体的に述べていくことにします。

1 基本的な表現材料が同じで「授業課題／目標」が異なる授業デザイン

1. 段ボール紙を使った表現活動を追究することを通し、相互理解を図る
(1) 活動名：「段ボール、ダンダン切って、ダンダン組み立て、何つくる！」
　　　　　－グループの友達と協力して－　　【2年・7時間】
(2) 授業デザイン
① 「授業課題／目標」の設定について
◎「授業課題」
　様々に切り分けた段ボール紙を使って表現を追究する活動を通し、自他の考え方や感じ方、表現の違いに気づかせ、相互に尊重し、協力し合って共に高め合うことの大切さを知らせたい。
◎総括的な授業目標
　段ボール紙を切る感覚を楽しみ、切った段ボール紙を使って友達と一緒につくりたいものをつくる活動を通して、お互いの考え方や感じ方の違いを尊重し合い、協力してつくり共に高め合う姿勢を培う。
○観点別目標（興味・関心、発想・構想、創造的な技能、鑑賞）
　・段ボール紙を切る感覚を楽しみながら協力して表現しようとする。
　・材料の形や色、大きさなどから自由に発想し、友達と協力しながら、つくりたいものを思いつく。
　・用具の扱いに親しみながら、段ボール紙を使った表現方法を工夫する。
　・協力して表現する活動を通し、自他の考え方や感じ方、表現の特徴や違いに気づいて認め合う。
② 授業デザイン方法の選択について
　ここでの中心的な授業課題は、自他の考え方や感じ方、表現の違いに気づかせ、相互に尊重し、協力し合って共に高め合うことです。これを実現するためには、子どもが互いに強く関わり合う授業環境を設定することが不可欠です。そこで、グループを中心とした活動とし、切り取った段ボール紙を協力して組み立てるテーマ（課題）を与えることにしました。活動の導入では、段ボールカッターの安全な使い方を指導します。その後、子どもが互いに関わり合い、考え方や感じ方の違いに気づき共感しながら、グループで表現対象や主題、表現方法等、試行錯誤をしながら表現を追究させていきます。いわゆる「課題追究型」のデザイン方法を取り入れた授業です。
③ 活動テーマの設定（活動名）について

本活動では段ボール紙を切ることをきっかけに、友達と協力し、つくりたいものを見つけながら追究する活動です。次第にできあがっていく様子をイメージするとともに、子どもに問いかけを入れた活動名として、「段ボール、ダンダン切って、ダンダン組み立て、何つくる！」としました。
　サブタイトル、「－グループの友達と協力して－」は、グループという活動の形態を子どもに知らせるとともに、友達と協力するという課題を織り込んだものです。

④**表現・鑑賞内容について**
○**表現活動の概要**
　この授業では、主材料である段ボール紙を友達と協力しながら切ることを活動のきっかけとします。このことから材料や友達と主体的にかかわりをもち、共につくることを促すようにします。切った段ボール紙に加え、授業者が大きな不定形の段ボール紙を提示します。それらをあわせてつないだり重ねたりすることからイメージをさらにふくらませ、話し合ったり、考えを出し合ったりしながらつくりたいもののテーマを探り、互いを理解し、協力して表現できるようにします。

○**表現・鑑賞内容とデザイン条件について**
　ア）表現対象／主題（何を表現する）：段ボール紙を切りながら、切った形や色、質感からイメージを膨らませ、グループでつくりたい表現対象や表現主題を決める。
　イ）表現材料／素材／造形要素（何で表現する）：段ボール紙（90cm×90cmを半分にしたもの・児童が切った段ボール紙）を使う。
　ウ）表現形式（どのように表現する）：平面・半立体・立体、自由選択で決める。
　エ）表現様式（どのように表現する）：具象的表現・抽象的表現、自由選択で決める。
　オ）表現技法・用具／知識（どのように表現する）：段ボールカッター、接着剤等の使い方、パステルの使い方（色をつけたい場合）。

⑤**その他のデザイン条件の設定について**
・授業計画：7時間
　第1次：段ボールカッターの使用方法を知り、友達と協力して、段ボールを切る感覚を十分に味わいながら段ボールを様々な形に切り分ける。（2時間）
　第2次：大きな不定形の段ボール紙と切った段ボール紙を基に友達と協力しながら造形表現活動を追究する。（4時間）
　第3次：各グループの活動内容を発表し合う。（1時間）
・3～4人のグループで活動する。活動の過程で他のグループと一緒につくりたいという意見が出た場合は、児童の実態を考慮した上でできるだけ認めて支援する。
・子どもの発想の出発点として、教師から材料として大きな不定形の段ボール紙を提示する。

(3) 授業デザイン・授業分析表

活動名：段ボール、ダンダン切って、ダンダン組み立て、何つくる！
**　　　　－グループの友達と協力して－　　【2年・7時間】**

① 授業課題／目標

◎ 授業課題
　様々に切り分けた段ボール紙を使って表現を追究する活動を通し、自他の考え方や感じ方、表現の違いに気づかせ、相互に尊重し、協力し合って共に高め合うことの大切さを知らせたい。

◎ 総括的な授業目標
　段ボール紙を切る感覚を楽しみ、切った段ボール紙を使って友達と一緒につくりたいものをつくる活動を通して、お互いの考え方や感じ方の違いを尊重し合い、協力してつくり共に高め合う姿勢を培う。

○ 観点別目標（興味・関心、発想・構想、創造的な技能、鑑賞）
・段ボール紙を切る感覚を楽しみながら協力して表現しようとする。
・材料の形や色 大きさなどから自由に発想し、友達と協力しながら、つくりたいものを思いつく。
・用具の扱いに親しみながら、段ボール紙を使った表現方法を工夫する。
・協力して表現する活動を通し、自他の考え方や感じ方、表現の特徴や違いに気づいて認め合う。

② デザイン方法

この授業では、はじめに示範型の授業で段ボールカッターの安全な使い方を身につけさせる。中心となる活動課題は、子ども同士がかかわり合って互いの考え方や感じ方の違いに気づいて、共感しながら活動する力を育てることである。この課題については、課題追究型の授業デザイン方法を選択した。

③ 活動テーマ

段ボール、ダンダン切って ダンダン組み立て、何つくる！
－グループの友達と協力して－

④ 表現・鑑賞内容

○ 表現活動の概要
　この授業では、主材料である段ボール紙を友達と協力しながら切ることを活動のきっかけとする。このことから材料や友達と主体的にかかわりをもち、共につくることを促すようにする。切った段ボール紙に加え、教師が大きな不定形の段ボール紙を提示する。それらをあわせてつないだり重ねたりすることからイメージをさらにふくらませ、話し合ったり、考えを出し合ったりしながらつくりたいもののテーマを探り、互いを理解し、協力して表現できるようにする。

○ 表現・鑑賞内容とデザイン条件の設定
ア）表現対象／主題（何を表現する）:段ボール紙を切りながら、切った形や色、質感からイメージを膨らませ、グループでつくりたい表現対象や表現主題を決める。
イ）表現材料／素材／造形要素（何で表現する）：段ボール紙（90cm×90cmを半分にしたもの）・児童が切ったもの）を使う。
ウ）表現形式（どのように表現する）：平面・半立体・立体、自由選択で決める。
エ）表現様式（どのように表現する）：具象的表現・抽象的表現、自由選択で決める。
オ）表現技法・用具／知識（どのように表現する）：段ボール紙、段ボールカッター、接着剤、パステル（色をつけたい場合）。

⑤ その他のデザイン条件

・授業計画：7時間
　第1次：段ボールカッターの使用方法を知り、友達と協力して、段ボールを切る感覚を十分に味わいながら段ボールを様々な形に切り分ける。(2時間)
　第2次：大きな不定形の段ボール紙と切った段ボール紙を基に友達と協力しながら造形表現活動を追究する。(4時間)
　第3次：各グループの活動内容を発表し合う。(1時間)
・3～4人のグループで活動する。活動の過程で他のグループと一緒につくりたいという意見が出た場合は、児童の実態を考慮した上でできるだけ認めて支援する。
・子どもの発想の出発点として、教師から大きな不定形の段ボール紙を提示する。

指導・支援に関するポイント

・材料を切ったり、広げたり、つなげたりできる十分な広い場所を設定する。
・グループは子どもの実態を考慮して決める。
・段ボールカッターの安全な取り扱い方法を十分指導するようにする。接着剤の使用方法の確認もする。
・教師が提示する不定形の段ボール紙の形から多様な見方ができることを知らせる。
・段ボール紙の形や色から、話し合ったり試したりする過程で出てくる表現の可能性をクラス全体で共有させる。
・子どもたちが、互いの感じ方や考えを尊重し合えるよう各グループの活動に配慮して声をかけたり、活動を促したりする。

①しっかり押さえているよ。ザクザク ゴキゴキが体に音がひびいてくる！ 　　②見て！見て！きれいな三角に切れた。次はどんな形に切ろうかな。 　　③扉をつくったよ。のぞくことができるの。切った段ボール紙で何かつくりたいな〜。

(4) 授業の展開

【第1次（2時間）：段ボールカッターの使用方法を知り、友達と協力して、段ボールを切る感覚を十分に味わいながら段ボールを様々な形に切り分ける。】

①段ボールカッターの安全な使い方を知り、友達と協力して試す。
・2人組みになる。2つの椅子に段ボール紙を渡し、1人が押さえ1人が切る。
・直線に切ることから始め、ギザギザ線、波線、くり抜くなど色々な切り方を楽しむ。
②③各自が切った形から次の活動への期待をふくらませる。
・切る行為や切ってできた形から「何かをつくりたい」という気持ちが生じる。
《個々の行為やつぶやきを十分に聞き取り、つくる活動へ展開するよう導く。》

【第2次（4時間）：段ボール紙を基に友達と協力しながら造形表現活動を追究する。】

④友達と一緒に、段ボール紙の形や色、質感から発想し、表現を追究する。
・3〜4人のグループに分かれ、教師が用意した大きな不定形の段ボール紙を1枚選ぶ。
⑤⑥大きな不定形の段ボールをイメージの出発点に、各自が切った段ボール紙をつないだり重ねたりしながら話し合ったり考えたりして、テーマを見つけて表現する。

④段ボール紙を並べて重ねながら、何に見えるか、何をつくりたいか、意見を出し合います。 　　⑤面白い形。私が切った段ボール紙とつないでみよう。ここに貼ってみたら？ 　　⑥段ボール紙を合体！なんだか鳥に見えるよ！そちらからはどう？

⑦色付き段ボール紙を、色別に並べてみたよ。うん！いい感じだ!!

⑧私たちはお城をつくっています。箱と合体させて部屋もつくろう。

⑨王様の冠に色をつけたいな！パステルを使って、色をつけよう。他の場所も塗っていい？

《第1次で各自が切った段ボール紙が自分の表現に使えるように保管し、活動時に配る。》

・活動しながら、つくりたいものを確かめ合い、協力しながら表現する。

⑦⑧⑨様々な表現形式を発見する。

　平面⇒・長くつなぐ。　・色付き段ボール紙で模様をつくる。　・パステルで色を塗る。
　　　　・片面段ボール紙をつくる。(段ボール紙の片側の紙をはぐ)
　半立体⇒・重ねて凹凸をつける。・立てて接着する。・片面段ボール紙を丸めてつける。
　立体⇒・切り込みを入れて立てる。　・段ボール箱と合わせてつくる。

《それぞれの特徴や具体的な表現を確認して整理し、評価する。》

【第3次(1時間)：各グループの活動内容を発表しあう。】

⑩⑪グループで話し合って題名をつける。

・グループごとに活動の内容について発表する。

⑩「なかよし3人組」
右には王冠をかぶった王様。左にはコックさん。2人を握手させているハンサム君が真ん中にいます。

⑪「すてきなきょうりゅう」
色々つないだら、大きなきょうりゅうに見えてきました。三角や四角の段ボール紙で背中とお腹にすてきな模様をつけました。

2. 段ボール箱を使った造形遊び／「自分らしさ」を、あるいは造形的な課題を自主的、主体的、創造的に追究、発見したり、自己表現したりする力を培う

(1) 活動名：「だんだん、ダンボール、どう使う！」(造形遊び)
　　　　　　－段ボール箱をもとに自分のテーマを決めて－　【3年・6時間】

(2) 授業デザイン

①「授業課題／目標」の設定について

◎「授業課題」

　段ボール箱を材料にした造形表現活動の試行錯誤を促し、各自の造形的な表現課題を追究させることを通して、造形的な自己表現力を培いたい。

◎総括的な授業目標

　段ボール箱を材料とした造形遊びを通して、表現対象や主題、表現材料や技法などを選択、発見、決定したりするなどの造形表現活動を追究し、造形的な自己表現力を培う。

○観点別目標（興味・関心、発想・構想、創造的な技能、鑑賞）

・材料としての段ボール箱に進んでかかわり、積極的に表現しようとする。
・段ボール箱の形や色、質感、イメージから発想をふくらませ、自らの表現対象や主題、表現方法を思いつく。
・段ボール箱を主材料にして、自ら決めた表現対象や主題、表現方法を生かした表現を工夫する。
・段ボール箱を材料にした造形遊びの活動を通して、自他の表現の特徴や違いに気づき、よさを認め合う。

②授業デザイン方法の選択について

　この活動では段ボール箱を主材料にし、造形表現活動における意欲や態度、自主性や主体性を培うことが中心的な課題です。そのため自らや自らの造形的な表現課題を見出して追究できるような場や環境を設定した授業を構成する必要があります。そこで、子どもに「段ボールをどう使う！」との課題を与え、試行錯誤を促す授業としました。つまり「課題追究型」の授業のデザイン方法です。

③活動テーマの設定（活動名）について

　活動名、「だんだん、ダンボール、どう使う！」の「だんだん」には、材料の段ボール箱を想起させる意味と、「だんだん思いつく」「だんだん表現できる」など、子ども一人ひとりの活動の様子を表す意味があります。また、「どう使う！」は、子どもへの問いかけの言葉として入れました。材料のもつ形や色、質感などの造形的な要素や、箱から連想される具体的なものや事柄からのイメージをきっかけにして、自分らしく表現することを促すような活動名にしました。

　サブタイトルでは、材料とともに、表現テーマを自分で決めることを明示するため、「－

段ボール箱をもとに自分のテーマを決めて－」としました。
④表現・鑑賞内容について
○表現活動の概要
　この活動では、主材料として段ボール箱を使うことを子ども伝え、それを基に表現対象や主題として「何を」、「どのように」して表現したらよいかを、子ども自らが自分で思考し、判断して追究できるように教師が支援していきます。

　はじめに主材料としての段ボール箱の形や大きさ、入れ物としての機能、あるいは、箱として使うか、開いて使うか、組み合わせる、切る、貼り合わせるなどの活動の可能性について話し合います。

　ある程度、各自の表現の方向性が決まったら、さらに試行錯誤を促し、最終的なテーマを追究させていきます。

○表現・鑑賞内容とデザイン条件について
　ア）　表現対象／主題 (何を表現する)：材料をもとに、自らが表現したいものごと、表現対象や主題を自由に決定する。

　イ）　表現材料／素材／造形要素 (何で表現する)：主材料は段ボール箱。段ボール箱の形や色、質感、形状を生かして使う。その他補助的に使用する材料は自ら決めて使う。

　ウ）　表現形式 (どのように表現する)：立体的表現、半立体、平面、自ら表現形式を決めて表現する。

　エ）　表現様式 (どのように表現する)：具象的、抽象的、装飾的表現、自由選択。

　オ）　表現技法・用具／知識 (どのように表現する)：並べる、切る、接着する、組み合わせるなど自らの表現に合わせて使う。はさみ、カッター、粘着テープ、接着剤。

・材料の段ボール箱は、たくさんの種類を集めるため、そして自分の表現を追究するきっかけとするために、事前に子どもに連絡して集めさせておく。

・個人制作である。

⑤その他のデザイン条件の設定について
・授業計画：3時間
　第1次：段ボール箱にかかわって形や色、質感、イメージから発想をふくらませ、自分の表現したいことを思いつく。(30分)
　第2次：各自のテーマに合わせて自らの表現を追究する。(2時間)
　第3次：各自の活動内容を発表し合う。(30分)
※その他、指導・支援に関するポイント
・導入で子どもが材料にかかわる時間をとって、触る、切るなどしながら自分の感じ方を大切にして表現テーマを思いつくことができるようにする。
・何度も試して表現を追究できるよう、活動の時間を十分確保する。

(3) 授業デザイン・授業分析表

活動名：だんだんダンボール、どう使う！」
　　　　－段ボール箱をもとに自分のテーマを決めて－　　【3年・4時間】

① 授業課題／目標

◎授業課題
　段ボール箱を材料にした造形表現活動の試行錯誤を促し、各自の造形的な表現課題を追究させることを通して、造形的な自己表現力を培いたい。

◎総括的な授業目標
　段ボール箱を材料とした造形遊びを通して、表現対象や主題、表現材料や技法などを選択、発見、決定したりするなどの造形表現活動を追究し、造形的な自己表現力を培う。

◎観点別目標（興味・関心、発想・構想、創造的な技能、鑑賞）
・材料としての段ボール箱に進んでかかわり、積極的に表現しようとする。
・段ボール箱の形や色、質感、イメージから発想をふくらませ、自らの表現対象や主題、表現方法を思いつく。
・段ボール箱を主材料にして、自ら決めた表現対象や主題、表現方法を生かした表現を工夫する。
・段ボール箱を材料にした造形遊びの活動を通して、自他の表現の特徴や違いに気づき、よさを認め合う。

② デザイン方法

この活動では、子どもに進んで表現する意欲や態度を培うことを中心的な課題とする。そのため、子どもが自らの課題を見出して追究できるように授業を構成する必要があり、課題追究型の授業デザインとした。(造形遊び)

③ 活動テーマ

「だんだんダンボール、どう使う！」の「だんだん」には、材料の段ボール箱を想起させる意味と「だんだん思いつく」など、子ども一人ひとりの活動の様子を表す意味がある。また、「どう使う！」は、子どもへの問いかけの言葉として入れた。サブタイトルは「－段ボール箱をもとに自分のテーマを決めて－」とした。

④ 表現・鑑賞内容

○表現活動の概要
　この活動では、主材料として段ボール箱を使うことを子どもに伝え、それを基に表現対象や主題として「何を」、「どのように」して表現したらよいかを、子ども自らが自分で思考し、判断して追究できるように授業者が支援していく。はじめに主材料としての段ボール箱の形や大きさ、入れ物としての機能、あるいは、箱として使うか、開いて使うか、組み合わせる、切る、貼り合わせるなどの活動の可能性について話し合う。ある程度、各自の表現の方向性が決まったら、さらに試行錯誤を促し、最終的なテーマを追究させていく。

○表現・鑑賞内容とデザイン条件の設定
ア）表現対象／主題(何を表現する)：材料をもとに、自らが表現したいものごと、表現対象や主題を自由に自ら決定する。
イ）表現材料／素材／造形要素(何で表現する)：主材料は段ボール箱。段ボール箱の形や色、質感、形状等を生かして使う。その他補助的に使用する材料は自ら決めて使う。
ウ）表現形式(どのように表現する)：立体的表現、半立体、平面等、自ら表現形式を決めて表現する。
エ）表現様式(どのように表現する)：具象的、抽象的、装飾的表現等、様式は自由選択。
オ）表現技法・用具／知識(どのように表現する)：並べる、切る、接着する、組み合わせる等、自らの表現に合わせて使う。はさみ、カッター、粘着テープ、接着剤。
・材料の段ボール箱は、種類を多様に集めるためと、自分の表現を追究するきっかけになるように、事前に子どもに連絡して各自集めさせておく。
・個人制作である。

⑤ その他のデザイン条件

・授業計画：(3時間)
　第1次：段ボール箱にかかわって形や色、質感、イメージから発想をふくらませ、自分の表現したいことを思いつく。(30分)
　第2次：各自のテーマに合わせて自らの表現を追究する。(2時間)
　第3次：各自の活動内容を発表し合う。(30分)

指導・支援に関するポイント

・導入で子どもが材料にかかわる時間をとって、触る、切るなどしながら自分の感じ方を大切にして表現テーマを思いつくことができるようにする。
・何度も試して表現を追究できるよう、活動の時間を十分確保する。

①段ボール箱をつないでみたら！どんなことができるかな？ 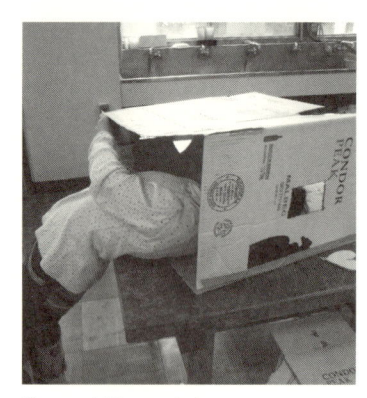　②いいこと思いついたよ！ 　③中に入って絵を描いてみる。

(4) 授業の展開
【第1次(30分)：段ボール箱を材料にして表現することを知り、自分ならどのようなことをしてみたいか思いつく。】

①段ボール箱を材料にして表現することを知る。
　・全員で集まって材料や活動について話し合う。
　《「この材料を使ってみなさんならどんなことをしてみたいですか？」などと問いかけ、自分の表現の主題を自分で決めることを意識させる。》

②段ボール箱にすすんでかかわり、形や色、質感、イメージなどから自分の表現対象や主題を思いつく。
　・段ボール箱に触る、並べる、組み合わせる、切り開く、など積極的に関わる。
　・どの様な表現が可能か、思いついたこと、してみたいことを様々に試してみる。
　《子どものつぶやきを十分に聞き、してみたいこと、感じたことを共感をもって受け止める。》
　《戸惑っているときには、遊ぶもの、飾るもの、使うもの、オブジェなど、子どもの活動に合わせ、表現の可能性を示唆することもする。》

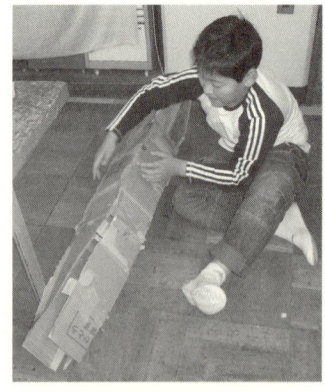

④長ーくつないでみよう！ 　⑤くりぬいて窓にしてみたよ。 　⑥積み上げたらどうかな？

⑦私だけのひみつの世界をつくってみたいな！

⑧筒型に丸めて、友達とロボットをつくった。

⑨開けると大事なものが入っています。

【第2次（2時間）：段ボール箱をもとに各自のテーマに合わせて追究して表現する。】

③自分で決めた表現対象や主題を自分らしく追究して表現する。

・自分が表現したい対象や主題について、材料や方法などと考え合わせ、さらに工夫をしながら追究する。

・色や形の納得がいく使い方、材料の使い方、方法の工夫、他の活動を観察しながら、さらに自分の表現を深める。

《自他の活動の様子から思いついた発展的な課題についても進んで表現するように促す。》

【第3次(30分)：各自の活動内容を発表し合う。】

④それぞれの活動を発表し合う。

・自分の活動や友達の活動で聞きたいことなどを発表する。

《題名をつけさせる、表現の過程を説明させるなどして、自他の表現の特徴や違いに気づかせる。》

⑩箱の形から、こんな宇宙船を思いついてつくりました。

⑪開いた中に部屋をつくりました。

3. 段ボール紙を使った表現活動を通し、造形的なものの見方や考え方、造形感覚を養い、感性を培う

(1) 活動名：くっつけ、たく三角！　【5年・3時間】
　　　　　－同じ形の三角形をたくさん組み合わせて、立体的な形をつくる－

(2) 授業デザイン

① 「授業課題／目標」の設定について

◎「授業課題」

　段ボール紙を三角形に切って立体的に表現する活動を通し、立体構成の意味や面白さを知り、三角形を使った立体構成力や構成感覚を養いたい。

◎総括的な授業目標

　合同の直角三角形を組み合わせて立体的に表現する活動を通し、造形的な要素としての形の特徴や面白さ、関係性について思考し、表現する立体構成力や造形感覚を養う。

○観点別目標（興味・関心、発想・構想、創造的な技能、鑑賞）

- 段ボール紙を切った三角形を立体的に構成していく活動に積極的に関わりながら楽しもうとする。
- 三角形を様々に立体的に組み合わせる試みから想像をふくらませ、自分なりの表現テーマ（主題）を思いつく
- 接着剤でつける、切り込みを入れて組む、パーツをつくって組み立てるなど、自分のテーマにそった表現の方法を工夫する。
- 段ボール紙を切った三角形で立体的に構成していく活動を通し、自他の立体表現の特徴や違いに気づき、よさを認め合う。

② 授業デザイン方法の選択について

　活動の導入では、三角形の組み立て方や表現の可能性を教師が師範しました。

　その後、子どもが直角三角形に切った段ボール紙を使って立体をつくる活動を通して、自らの表現主題や新しい表現を発見したり組み立て方を工夫したりして自分らしく表現することを追究できるような場や環境を設定しました。

　活動は、直角三角形に切った段ボール紙を材料に立体構成するという、比較的狭い活動範囲の中で、子どもが自らの表現主題を発見、追究していく課題追究型の要素を取り入れた指導型の授業デザインということになります。

③ 活動テーマの設定（活動名）について

　本活動では、合同あるいは相似形の三角形をたくさんつなげ、組み合わせて立体的に表現します。そこで、たくさんの三角形を組み合わせて使うということをイメージさせるため、活動名を「くっつけ、たく三角！」としました。

　また、サブタイトルは、何で（材料）、どのように（立体的に組み合わせて）、ということが明

確になるように、「－同じ形の三角形をたくさん組み合わせて、立体的な形をつくる－」としました。

④表現・鑑賞内容について

○**表現活動の概要**

　活動のはじめに、小グループで協力して段ボール箱を切り、4.5×6cmの直角三角形を大量につくります。はじめに三角形を協力してつくるのは、ピースをたくさん用意するためです。次に、それらを17×20cmの台の上に、接着剤でつけたり、切り込みを入れて組み合わせたりして、立体的な形をつくりあげていきます。

　これらは立体的に構成する基本的な材料であり、活動の条件となります。

　切る方法を教え合ったり、ピースを分け合ったりしながら、表現への抵抗感を少なくし、表現テーマや表現方法の見通しをもてるようにします。

　表現テーマは、建物、乗り物、生き物、植物、オブジェなど自由に考えるようにします。どのような形がつくれるかを試行錯誤しながら、自分なりのテーマを見つけ、自らの表現を追究していきます。

○**表現・鑑賞内容とデザイン条件について**

ア）表現対象／主題 (何を表現する)：三角形を組み合わせて立体をつくりながら、自分がつくりたいものや表現課題 (テーマ) を自分自身で見つけたり決めたりする。

イ）表現材料／素材／造形要素 (何で表現する)：段ボール箱／紙 (4.5×6cmの直角三角形／複数枚、17×20cmの台紙1枚)、接着剤など。

ウ）表現形式 (どのように表現する)：構造、構成的などの立体表現とする。

エ）表現様式 (どのように表現する)：具体物をイメージした具象的、抽象的、装飾的表現など。

オ）表現技法・用具／知識 (どのように表現する)：カッターナイフで切る、接着剤でつける、切り込みを入れて組む、差し込む、組み立てる、片面の紙をはがすなど。

⑤その他のデザイン条件の設定について

・授業計画：3時間

　第1次：活動の概要を知り、表現の可能性について考える。(10分)

　第2次：小グループで協力して段ボール箱を切り開き、4.5×6cmの直角三角形を大量につくる。(15分)

　第3次：各自の表現課題に合わせて造形表現活動を追究する。(95分)

　第4次：お互いの作品を鑑賞する (15分)

・段ボールカッターを安全に、使いやすいように、机の間を離すなど配置を工夫する。

・4.5×6cmの直角三角形をつける、組む、差す、折るなど、どのように使ってもよいとする。

・17×20cmの台紙の上に表現する。

・個人制作とする。(三角形は、友達と協力してつくる)

(3) 授業デザイン・授業分析表

活動名：くっつけ、たく三角！
　　　　－同じ形の三角形をたくさん組み合わせて、立体的な形をつくる－　　【5年・3時間】

① 授業課題／目標

◎授業課題
　段ボール紙を三角形に切って立体的に表現する活動を通し、立体構成の意味や面白さを知り、三角形を使った立体構成力や構成感覚を養いたい。

◎総括的な授業目標
　合同の直角三角形を組み合わせて立体的に表現する活動を通し、造形的な要素としての形の特徴や面白さ、関係性について思考し、表現する立体構成力や造形感覚を養う。

○観点別目標（興味・関心、発想・構想、創造的な技能、鑑賞）
・段ボール紙を切った三角形を立体的に構成していく活動に積極的に関わりながら楽しもうとする。
・三角形を様々に立体的に組み合わせる試みから想像をふくらませ、自分なりの表現テーマ（主題）を思い付く。
・接着剤でつける、切り込みを入れて組む、パーツをつくって組み立てるなど、自分のテーマにそった表現の方法を工夫する。
・段ボール紙を切った三角形で立体的に構成していく活動を通し、自他の立体表現の特徴や違いに気づき、よさを認め合う。

② デザイン方法

　活動の導入では、三角形の組み立て方や表現の可能性を教師が師範した。その後は、直角三角形に切った段ボール紙を材料に立体構成するという、比較的狭い活動範囲の中で、子どもが自らの表現主題を発見、追究していくことになる。この授業は課題追究型の要素を取り入れた指導型の授業デザインということになる。

③ 活動のテーマ

くっつけ、たく三角
　－同じ形の三角形をたくさん組み合わせて、立体的な形をつくる－

④ 表現・鑑賞内容

○表現活動の概要
　活動のはじめに、小グループで協力して段ボール箱を切り、4.5×6cmの直角三角形を大量につくる。
　次に、それらを17×20cmの台の上に、接着剤でつけたり、切り込みを入れて組み合わせたりして、立体的な形をつくりあげていくようにする。切る方法を教え合ったり、ピースを分け合ったりしながら、表現テーマや表現方法等の見通しをもてるようにする。表現テーマは、建物、乗り物、生き物、植物、オブジェなど自由に考える。どのような形がつくれるかを試行錯誤しながら、自分なりのテーマを見つけ、表現を追究していく。

○表現・鑑賞内容とデザイン条件
ア）表現対象／主題（何を表現する）：三角形を組み合わせて立体をつくりながら、自分がつくりたいものや表現課題を自分自身で見つけたり決めたりする。
イ）表現材料／素材／造形要素（何で表現する）：段ボール箱／紙（4.5×6cmの直角三角形／複数枚、17×20cmの台紙1枚）、接着剤など。
ウ）表現形式（どのように表現する）：構造、構成的などの立体表現とする。
エ）表現様式（どのように表現する）：具体物をイメージした具象的、抽象的、装飾的表現など。
オ）表現技法・用具／知識（どのように表現する）：カッターナイフで切る、接着剤でつける、切り込みを入れて組む、差し込む、パーツをつくって組み立てる、片面の紙をはがすなど。

⑤ その他のデザイン条件

・授業計画：3時間
　第1次：活動の概要を知り、表現の可能性について考える。(10分)
　第2次：小グループで協力して4.5×6cmの直角三角形をたくさんつくる。(15分)
　第3次：各自のテーマに合わせて造形表現活動を追究する。(95分)
　第4次：お互いの作品を鑑賞する (15分)
・段ボールカッターを安全に、使いやすいように、机と机の間を少し離すなど配置を工夫する。
・4.5×6cmの直角三角形であれば、付ける、組む、差す、折るなど、どのように使ってもよいとする。
・17×20cmの台紙の上に表現する。
・個人制作とする。(三角形は、友達と協力してつくる)

指導・支援に関するポイント

・導入では、基本的な技法を師範したり、表現テーマの例を示したりし、形に対するイメージを引き出す。
・初めに小グループで協力して三角形を大量につくることにより、活動時は、どの子も表現することに集中することができるようにする。
・接着剤が乾く前に組み立てを急ぐと崩れることがある。適切な接着剤の量など、基本的な使い方を指導する。
・不安定な形や高く組み立てたいときは、パーツごとにつくって、接着剤が乾いてから、組み立てるように指導する。

①活動の概要を伝えるために、目標、技法例、表現テーマの例を整理しながら板書する。

②段ボール箱を切り開き、使いやすい大きさに切る。工作用紙の物差しを使って、線を引いていく。

③小グループで協力して作業を進め、合同の直角三角形をたくさんつくる。

(4) 授業の展開

【第1次活動（10分）：活動の概要を知り、表現の可能性について考える。】

①何で、どのように活動を進め、何を表現するのかをつかむ。

　《ここで示されることは、一つの例であり、子どもたちには、それらを組み合わせたり、新しいことを考え出したりして表現を進めてよいことを伝えておく。》

【第2次活動（15分）：グループの人と協力して 4.5×6cm の直角三角形をたくさんつくる。】

②工作用紙で物差し（4.5cm幅に切ったもの）をつくり、段ボール紙に4.5cm幅の線を引く。これらを、段ボールカッターで切る。

③工作用紙の物差し（4.5×6cm）を使って、4.5cm幅の段ボールを6cmずつに切り、さらに対角線で切って、直角三角形をつくる。これらは、はさみで切る。

【第3次活動（95分）：各自の表現課題に合わせて造形表現活動を追究する。】

④いろいろな組み合わせ方を試しながら、自分がつくりたいものを発想する。

⑤いろいろな形に積んだり並べたりしてみて、形を思いついたら接着剤でつける。

　《段ボール紙はたくさんあるので、失敗をおそれずに、どんどんやってみるように促す。》

⑤⑥つくりながら発想をふくらませ、試行錯誤を繰り返しながら表現を追究する。

④みんなでつくった直角三角形を、みんなで使う。なくなってしまったら、またつくることとする。

⑤台紙の上に、少しずつずらしながら並べてみよう。周りを囲んだら、池のように見えてきたよ。

⑥高く上に伸びる形にしたいから、長くつなげたパーツをつくろう。

⑦⑧今度は、どこにつけようかな。
　視線を下げて見たり、上からのぞき込んだりして、自分なりの形を追究している。

⑨だんだんテーマがはっきりしてきた。鬼の顔みたいにしたいな。
次の形は、付ける前に少し離れて見て、バランスを確認している。

⑦⑧⑨表現が広がるように、作品を回して違う方向から見るなどする。
　《各自が自分なりのテーマを見つけて表現を追究できるように、個別に声をかけるなどして、評価、支援をする。》

【第4次活動 (15分)：お互いの作品を鑑賞する。】
⑩⑪⑫作品に題名をつける。
・自分の表現の意図がよく伝わるような題名にする。
・作品を鑑賞し合い、自他のよさや違いについて相互理解を図る。
　《表現には様々な違いが出ることに着目させ、どの表現にもよさがあり、それは大切にされるべきものであることに気づかせる。》

⑩「ひとつの矢」
規則正しく三角形を並べた後、"差す"という異質の技法を取り入れたことでこのテーマを思いついた。

⑪「なぞの騎士」
いろいろな組み合わせを試していたら、この形が浮かんできた。手や足を長くしたら、騎士の姿になった。

⑫「雷(いかずち)の塔」
高く高くしたかった。

2　表現活動内容の5つの要素を、授業の活動テーマにした授業デザイン

2-ア 「表現対象／主題」を活動テーマにした授業デザイン

ⅰ 活動テーマ：道

(1) 活動名：ぼくの道、私の道、みんなの道　【中学年・8時間】
　　　　　－「道」からイメージを広げ、紙を主材料にした立体表現を追究する－

(2) 授業デザイン

① 「授業課題／目標」の設定について

◎「授業課題」

　「道」という言葉のイメージから、自らの造形的な課題を発見、選択、決定、追究、発表するなど、総合的な造形表現活動を経験させ、造形的な総合力を育てるとともに、自他の特徴や違いに気づかせ、相互に認め尊重し合う活動を促す。

◎総括的な授業目標

　「道」という活動テーマから自らの立体的な造形表現を追究することを通し、総合的な造形思考力、判断力を養う。
　また、自他の特徴や違いに気づき、相互に認め尊重し、協力し合って表現するなど、共に高め合う姿勢を培う。

○観点別目標（興味・関心、発想・構想、創造的な技能、鑑賞）

- 「道」のイメージから自らのテーマを見つけ、表現材料、表現技法などを選択、決定しながら自らの目標を追究していく造形表現活動に積極的に取り組む。
- 「道」という言葉からイメージを広げて発想、構想し、各自がテーマを決める。
- 紙や布類を中心的な材料とし、各自が選択した表現材料や表現技法を生かした立体表現を工夫する。
- 「道」のイメージから思いついた活動を通し、各自の造形的なものの見方や考え方、表現の違いや特徴などに気づき、相互に認め、協力し合う。

②授業デザイン方法の選択について

　この授業では、子どもに自主性や主体性、さらに総合的な造形思考力、判断力を育てることを中心的な課題としたため、「課題追究型」の授業デザイン方法を選択しました。
　「道」という言葉を活動テーマとし、「道」から抱くイメージから、各自がテーマを設定し、紙を主材料に、立体的な造形表現活動を追究していきます。

③活動テーマの設定（活動名）について

　「道」という言葉には具体的な「道」から象徴的な「道」まで多様なイメージが含まれ

ています。「道」という言葉を「自分」と「みんな」に結びつけてイメージの広がりを期待し、活動名を「ぼくの道、私の道、みんなの道」としました。

また、サブタイトルとして、活動テーマと表現材料、表現形式の文言を補い、－「道」からイメージを広げ、紙を主材料にした立体造形表現を追究する－としました。

④表現・鑑賞内容について
○表現活動の概要

活動テーマである「道」という言葉には具体的な「道」から象徴的な「道」まで多様なイメージが含まれています。各自がそれぞれのイメージをふくらませ、各自の「道」をテーマに設定し、立体的な造形表現活動を追究していきます。材料は紙を中心とし、その他は、粘土、砂、石、木、金属類を除いて、自由選択の範囲にしました。各自のテーマに合わせ、表現材料や技法を選択、決定、追究、表現、発表するなどしながら活動していきます。

○表現・鑑賞内容とデザイン条件の設定について

　ア）表現対象／主題（何を表現する）：活動テーマであり、表現対象である「道」からイメージを広げ、どのような「道」を表現するか、各自が表現主題を決める。

　イ）表現材料／素材／造形要素（何で表現する）：紙類を主材料に、布類、ビニール類、セロハン類、アルミ類、紙・プラスチック半既製品類、接着テープ類、ひも類、接着剤、描材、その他、材料を自由に持ち寄り、選択して使う。

　ウ）表現形式（どのように表現する）：立体・半立体表現、工作的表現。

　エ）表現様式（どのように表現する）：具象的表現、抽象的表現。

　オ）表現技法・用具／知識（どのように表現する）：はさみ、ホチキス、接着や接続の方法等、表現に合わせ、表現技法、用具の使い方を工夫したり見つけたりする。

⑤その他のデザイン条件の設定について

・授業計画：8時間

　第1次：「道」について話し合い、各自のテーマを見つける（1時間）

　第2次：各自のテーマに合わせて造形表現活動を追究する。（6時間25分）

　第3次：各自の活動内容を発表し合う。（20分）

・各自のテーマに合わせ、自主的、主体的に表現材料、表現技法を選択する。（但し中心材料は紙、布類とし、粘土、砂、石、木、金属類は使用しない。）

・個人制作を中心にするが、結果として共同制作も認める。

・教室の机上に乗る大きさの表現作品とする。

(3) 授業デザイン・授業分析表

活動名：ぼくの道、私の道、みんなの道
　　　　－「道」からイメージを広げ、紙を主材料に立体表現を追究する－　　　　　［中学年・8時間］

① 授業課題／目標

◎授業課題
「道」という言葉のイメージから、自らの造形的な課題を発見、選択、決定、追究、発表するなど、総合的な造形表現活動を経験させ、造形的な総合力を育てるとともに、自他の特徴や違いに気づかせ、相互に認め尊重し合う活動を促す。

◎総括的な授業目標
「道」という活動テーマから自らの立体的な造形表現を追究することを通し、総合的な造形思考力、判断力を養う。また、自他の特徴や違いに気づき、相互に認め尊重し、協力し合って表現するなど、共に高め合う姿勢を培う。

◎観点別目標（興味・関心、発想・構想、創造的な技能、鑑賞）
・「道」のイメージから自らのテーマを見つけ、表現材料、表現技法などを選択、決定しながら自らの目標を追究していく造形表現活動に積極的に取り組む。
・「道」という言葉からイメージを広げて発想、構想し、各自がテーマを決める。
・紙や布類を中心的な材料とし、各自が選択した表現材料や表現技法を生かした立体表現を工夫する。
・「道」のイメージから思いついた活動を通し、各自の造形的なものの見方や考え方、表現の違いや特徴などに気づき、相互に認め、協力し合う。
・段ボール紙を切った三角形で立体的に構成しいく活動を通し、自他の立体表現の特徴や違い等に気づき、よさを認め合う。

② デザイン方法

この授業では、子どもに自主性や主体性、さらに総合的な造形思考力、判断力を育てることを中心的な課題としたため、「課題追究型」の授業デザイン方法を選択した。

③ 活動のテーマ

ぼくの道、私の道、みんなの道
－「道」からイメージを広げ、紙を主材料にした立体造形表現を追究する－

④ 表現・鑑賞内容

◯表現活動の概要
活動テーマである「道」という言葉には具体的な「道」から象徴的な「道」まで多様なイメージが含まれています。各自がそれぞれのイメージをふくらませ、各自の「道」をテーマに設定し、立体的な造形表現活動を追究していく。材料は紙を中心とし、その他、土、砂、石と金属類を除いて、自由選択の範囲にした。各自のテーマに合わせ、思いついたものやことを、表現材料や技法を選択、決定、追究、表現、発表するなどしながら活動していく。

◯表現・鑑賞内容とデザイン条件
ア）表現対象／主題（何を表現する）：活動テーマであり、表現対象である「道」からイメージを広げ、各自、どのような「道」を表現するか、各自が表現主題を決める。
イ）表現材料／素材／造形要素（何で表現する）：紙類を中心的な材料に、布類、ビニール類、セロハン類、アルミ類、紙・プラスチック半既製品類、接着テープ類、ひも類、接着剤、描材、その他、材料を自由に持ち寄り、選択して使う。
ウ）表現形式（どの様に表現する）：立体・半立体表現、工作。
エ）表現様式（どの様に表現する）：具象的表現、抽象的表現。
オ）表現技法・用具／知識（どの様に表現する）：はさみ、ホチキス、接着や接続の方法等、表現に合わせ、表現技法、用具の使い方を工夫したり見つけたりする。

⑤ その他のデザイン条件

・授業計画：8時間
　第1次：「道」について話し合い、各自のテーマを見つける。(1時間)
　第2次：各自のテーマを基に造形表現活動を追究、表現する。(6時間25分)
　第3次：各自のテーマを基にした活動内容を発表し合う。(20分)
・各自のテーマに合わせ、自主的、主体的な表現材料、表現技法を選択する。(但し中心材料は紙、布類とし、粘土、砂、石、木、金属類は使用しない。)
・個人制作を中心にするが、結果として共同制作も認める。
・教室の机上に乗る大きさの表現作品とする。

指導・支援に関するポイント

・活動テーマの「道」から、どのようなイメージをもつか発表させ、黒板に整理してまとめる。
・「道」のイメージから、どのような表現の可能性があるか、黒板に示しておく。
　表現形式：半立体的表現←→立体的表現、表現様式：具象形表現←→抽象形表現、
　表現形式（テーマ）：心象的表現 ←→ 適応的表現
・技術的につまずいている子に対しては、個人指導をする。
・友達と協力して表現を拡大していくような活動の可能性にも気づかせる。

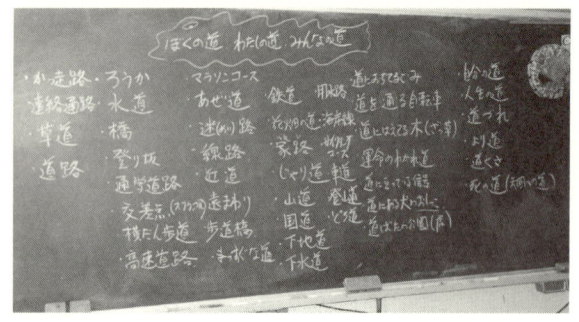

子どもが「道」からイメージしたものごとを整理しながら板書していく。
（具体的なものから抽象的なイメージまで）

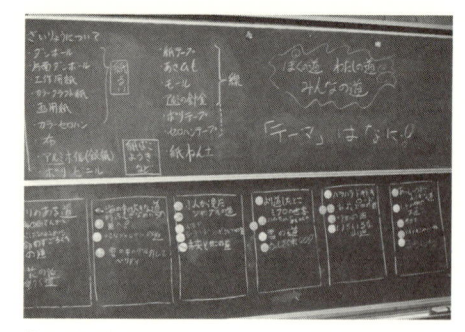

使える材料の可能性とそれぞれが決めたテーマをまとめた板書。

（4）授業の展開

【第1次活動（1時間）：「道」について話し合い、各自のテーマを見つける。】

○「道」について、各自がどのようなイメージをもっているか発表し、それらについてどのような造形表現が可能か、話し合う。

《各自が発表したイメージをランダムに板書していく。》

・他の考えやアイデアの特徴やよさを知る。

○各自の「道」についてのテーマを見つけ、テーマや表現内容についてのおよその構想、計画を書く。

・他のよさを取り入れ、テーマの決定に生かす。

・どのような材料をどのように活用するか考える。

○活動テーマや表現内容を発表する。

【第2次活動（6時間25分）：各自のテーマを基に造形表現活動を追究、表現する。】

○他の表現のよさを見つけたり、取り入れたりしながら活動を追究する。

他とコミュニケーションを取り、意見が合えば共同して表現することも考える。活動しながら新たな表現テーマや内容を見つける。

テーマや表現内容についての構想、およその計画を書く。

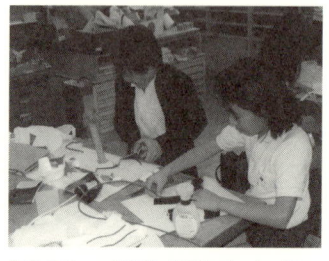

各自のテーマを追究、表現していく。「モールをどうやって使ったらいいかな！」

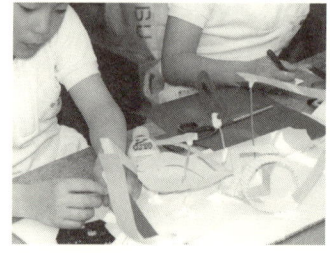

道の感じに合わせ、いろいろな紙を帯に切って使った。

56

ビーズを貼って道を表現する。 　　　柱を立ててその上に高速道路を作るんだ！ 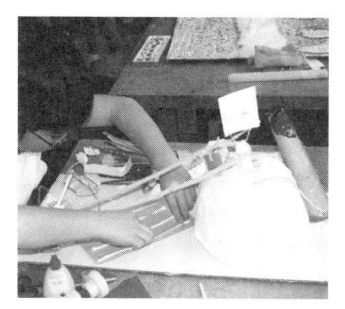　　　接着剤でモールを貼りつける。題名は「スキー場のロープウエーの道」

《表現形式や様式、内容（テーマ）の可能性の範囲を整理し、板書にまとめておく。》
　・表現形式：半立体的 ⟷ 立体的
　・表現様式：具象形表現 ⟷ 抽象形表現　　・心象的表現 ⟷ 適応的表現
○様々な表現形式を考えたり表現技法や材料などを試してみたりする。
　・接続や接着の方法を工夫する。
　・好きな色や形、触った感じの組み合わせを工夫する。
　・材料の処理方法をいろいろ試してみる。
　・他の材料を補足してみる。
　《それぞれの特徴やよさを具体的な表現（色彩や形態、材質、組み立て、組み合わせ、他の材料の活用、接続、接着など表現内容や方向性）に照らして確認して整理、支援する。》

【第3次活動（20分）：各自のテーマを基にした活動内容を発表し合う。】
○各自の表現に題名をつける。
○各自の表現や活動のあり方について相互理解をはかる。
　・テーマとしての「道」と表現、表現内容、他との協力などについて考える。

題名は「不思議で車でGO！」 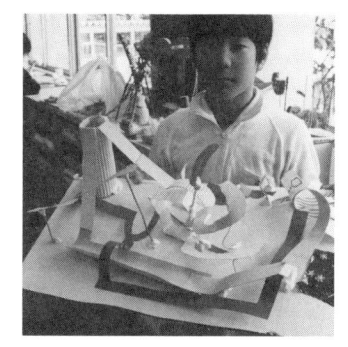　　　道のカーブを工夫したよ。「未来の立体高速道路」　　　二人でつくった「お花畑の道」

2-ア「表現対象／主題」を活動テーマにした授業デザイン

ii 活動テーマ：モニュメント（記念碑）

(1) 活動名：私のモニュメント
　　　　　　－「モニュメント」を考えることから、ベニヤ板を主材料にした立体表現を追究する－　【高学年・10時間】

(2) 授業デザイン

① 「授業課題／目標」の設定について

◎「授業課題」

　「私のモニュメント」を活動テーマに、自分らしい造形表現とはどのようなものか、また造形的に表現できる自分とはどのようなものか、各自がもっている知識や技術、あるいは造形的なものの「見方」や「考え方」を生かしながら、自主的、主体的な造形表現活動を追究、表現させる。自己の造形表現の喜びを知らせるとともに、造形的な総合力を培いたい。

◎総括的な授業目標

　「私のモニュメント」を活動のテーマに、持っている経験を生かし、表現テーマや表現材料、表現技法等を自主的、主体的に選択、決定しながら、表現を追究する。
　また、モニュメントを通した自他の表現の違いやよさに気づき、相互に認め合う。

○観点別目標（興味・関心、発想・構想、創造的な技能、鑑賞）
　・モニュメントをつくる活動を通して主体的な活動の喜びを味わい、興味や関心をもつ。
　・モニュメントのイメージから自らのテーマを見つけ、ベニヤ板を主材料に立体的な表現を追究する。
　・自分の知識や技能、あるいは造形的なものの「見方」や「考え方」を生かし、自分のモニュメントを追究、発見、表現する。
　・自分のモニュメントと他の表現の違いやよさに気づき、相互に認め合う。

②授業デザイン方法の選択について

　この授業では、子どもの自主性や主体性、さらに総合的な造形思考力、判断力を育てることを中心的な課題としたため、「課題追究型」の授業デザイン方法を選択しました。
　「私のモニュメント」を活動テーマとし、モニュメントから抱くイメージをもとに、各自がテーマを設定し、ベニヤ板を主材料に、立体的な造形表現活動を追究していきます。

③授業の活動テーマの設定（活動名）について

　「私のモニュメント」は「私の像／記念碑」と訳すことができます。これは今まで造形表現活動を通して経験してきたことを生かしたり、思い出を詰め込んだりしながら、自分自身を造形的に表現すると、どのようなモニュメント（像／記念碑）になりますか、との問いかけでもあります。各自が経験してきた生活そのものを思い起こし、それらを造形的に

置き換えて表現することを促そうとする活動テーマである、ということもできます。

④表現・鑑賞内容について
○表現活動の概要
　「私のモニュメント」といっても、具象的な形として自分の胸像のようなものをつくることとは限りません。自分が造形的に表現したい思い出や出来事、あるいは、色や形など造形的な自分自身のイメージ、すべてを含めてモニュメント（像／記念碑）と考えています。そうした自らのテーマや造形表現の方向を思考、判断しながら表現を追究していきます。

　主材料としてベニヤ板と角材を使い、その他の材料は各自のテーマに合わせて選択するなどしながら、立体的な表現としてのモニュメント（像／記念碑）をつくっていきます。ベニヤ板と角材以外の材料は各自が必要に応じて用意することになります。

○表現・鑑賞内容とデザイン条件について
ア）表現対象／主題(何を表現する)：活動テーマであり、表現対象／主題である「私のモニュメント（像／記念碑）」からイメージを広げ、どのような「モニュメント」を表現するか、各自が表現テーマを決める。

イ）表現材料／素材／造形要素（何で表現する）：アイディア帳、シナベニヤ板（30×45×0.5cm）／角材(1cm角×1m) 1人各1、紙やすり、接着剤、鉛筆、水彩絵の具セット。
以下は各自が表現テーマに合わせて選択して使う。：ひも類、紙類、針金類、釘、その他身辺材、その他。

ウ）表現形式（どのように表現する）：立体的表現、工作的表現。

エ）表現様式（どのように表現する）：具象的表現、抽象的表現。

オ）表現技法・用具／知識（どのように表現する）：定規、はさみ、カッターナイフ、彫刻刀、キリ、金槌、ペンチ、鋸、電動糸鋸、木工用やすり、作業台、カッターマット、その他。表現テーマに合わせ、表現技法、用具の使い方を工夫したり見つけたりする。

⑤その他のデザイン条件の設定について
・授業計画：10時間
　第1次：「私のモニュメント」について話し合い、各自のテーマを見つける。(1時間)
　第2次：およそのアイディアを構想し、アイディアをスケッチする。(1時間)
　第3次：各自の「私のモニュメント」を追究、表現する。(7時間25分)
　第4次：各自の活動内容を発表し合う。(20分)
・各自のテーマに合わせ、自主的、主体的に表現材料、表現技法を選択する。(但し主材料はシナベニヤ板、角材とする。また、各自が準備する選択材料としてひも類、紙類、針金類、釘、身辺材などを使用するが、粘土、砂、石は使用しない。)
・個人制作を中心とし、共同制作は認めない。
・配布する主材料の範囲でつくれる大きさの作品とする。

(3) 授業デザイン・授業分析表

活動名：私のモニュメント　　　　　　　　　　　　　　　　　　　　　　　　　　［高学年・10時間］
　　　　－「モニュメント」を考えることから、ベニヤ板を主材料にした立体表現を追究する－

① 授業課題／目標

◎授業課題
　「私のモニュメント」を活動テーマに、自分らしい造形表現とはどの様なものか、また造形的に表現できる自分とはどの様なものか、各自が持っている知識や技術、或いは造形的なものの「見方」や「考え方」を生かしながら、自主的、主体的な造形表現活動を追究、表現させる。自己の造形表現の喜びを知らせるとともに、造形的な総合力を培いたい。

◎総括的な授業目標
　「私のモニュメント」を活動のテーマに、持っている経験を生かし、自らの表現テーマや表現材料、表現技法等を自主的、主体的に選択、決定しながら、表現を追究する。また、モニュメントをとおした自他の表現の違いやよさに気づき、相互に認め合う。

◎観点別目標（興味関心、発想構想、創造的な技能、鑑賞）
・モニュメントをつくる活動をとおして主体的な活動の喜びを味わい、興味や関心を持つ。（興味関心）
・モニュメントのイメージから自らのテーマを見つけ、ベニヤ板を主材料に立体的な表現を追究する。（発想構想）
・自分の知識や技能、或いは造形的なものの「見方」や「考え方」を生かし、自分のモニュメントを追究、発見、表現する。（創造的技能）
・自分のモニュメントと他の表現の違いやよさに気づき、相互に認め合う。（鑑賞）

② デザイン（構成）方法

子どもに自主性や主体性、さらに総合的な造形思考力、判断力を育てることを中心的な課題としたため、課題追究型の授業デザイン方法を選択した。「モニュメント」から抱くイメージから、各自がテーマを設定し、ベニヤ板を主材料に、立体的な造形表現活動を追究していく。

③ 活動の課題／テーマ

私のモニュメント
－「モニュメント」を考えることから、ベニヤ板を主材料にした立体表現を追究する－

④ 表現・鑑賞内容

◎表現活動の概要
　「私のモニュメント」とは、自分自身を具象的な形として胸像のようなものをつくることとは限りません。自分が造形的に表現したい思い出や出来事、或いは、色や形など造形的な自分自身のイメージなど、すべてを含めてモニュメント（像／記念碑）を考えています。そうした自らのテーマや造形表現の方向を思考、判断しながら表現を追究していきます。主材料としてベニヤ板と角材を使い、その他の材料は各自のテーマに合わせて選択するなどしながら、立体的な表現としてのモニュメント（像／記念碑）つくっていきます。ベニヤ板と角材以外の材料は各自が必要に応じて用意することになります。

◎表現・鑑賞内容とデザイン条件
ア）表現対象／主題（何を表現する）：活動テーマであり、表現対象／主題である「私のモニュメント（像／記念碑）」からイメージを広げ、各自、どの様な「モニュメント」を表現するか、各自が表現テーマを決める。
イ）表現材料／素材／造形要素（何で表現する）：アイディア帳、シナベニヤ板（30×45×0.5cm）／角材（1cm角×1m）1人各1、紙やすり、接着剤、鉛筆、水彩絵の具セット。
　　以下は表現テーマに合わせて選択して使う。：紐類、紙類、針金類、釘、その他身辺材、他。
ウ）表現形式（どの様に表現する）：立体的表現、工作的表現。
エ）表現様式（どの様に表現する）：具象的表現、抽象的表現。
オ）表現技法・用具／知識（どの様に表現する）：定規、はさみ、カッターナイフ、彫刻刀、キリ、金槌、ペンチ、鋸、電動糸鋸、木工用やすり、作業台、カッターマット、その他。表現テーマに合わせ、表現技法、用具の使い方を工夫したり見つけたりする。

⑤ その他のデザイン条件

・授業計画：10時間
　第1次：「私のモニュメント」について話し合い、各自のテーマを見つける。（1時間）
　第2次：およそのアイディアを構想し、アイディアをスケッチする。（1時間）
　第3次：各自の「私のモニュメント」を追究、表現する。（7時間25分）
　第4次：各自の活動内容を発表し合う。（20分）
・各自のテーマに合わせ、自主的、主体的に表現材料、表現技法を選択する。（但し主材料はシナベニヤ板、角材とする。また、各自が準備する選択材料として紐類、紙類、針金類、釘、身辺材など使用するが、粘土、砂、石等は使用しない。）
・個人制作を中心とし、共同制作は認めない。
・配布する主材料を範囲でつくる大きさの作品とする。

指導・支援に関するポイント

・表現の可能性を板書する：「自分を象徴した、ものごとや生き物、建物や動物」、「自分の思い出が詰まった表現」、「自分をイメージした抽象的な色や形が組み合わせた表現」、「動くなどの仕組みを持った表現」、その他

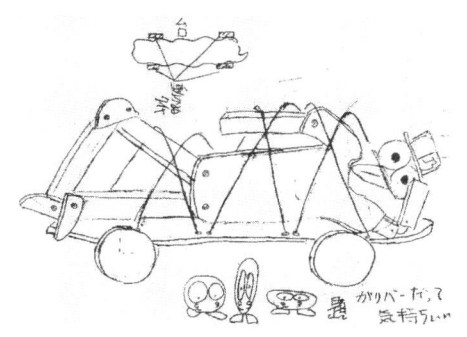

モニュメント『ガリバーだって気持ちいい…』のスケッチ。 　　モニュメント『怪獣、「トッタリー」水面から首を出す』のスケッチ。

（4）授業の展開

【第1次活動 (1時間)：「私のモニュメント」について話し合い、各自のテーマを見つける。】

○「私のモニュメント」について考える。

　《表現活動の条件を提案する。》

　・立体的な表現であること。

　・合板、角材、板材、木の枝や幹、木の葉などの木を中心的な材料に使うが、その他の材料も必要に応じて使うことができる。

　・配布する基本材料は、シナベニヤ板（30×45×0.5cm）1枚、角材（1cm角×1m）1本である。

　・その他、各自の表現に必要な材料は表現に応じて各自用意する。

○各自、およそのテーマを考え、発表する。

　《各自の表現テーマを整理して板書し、テーマの可能性を知らせる。》

　・自分を象徴するものごとや生き物、建物や動物のような表現。

　・自分の思い出が詰まったような表現。

　・自分をイメージした抽象的な色や形が組み合わされた表現。

　・動くなどの仕組みを持った表現。　・その他。

【第2次活動 (1時間)：およそのアイディアを構想し、アイディアをスケッチする。】

○ベニヤ板と角材を中心材料にして立体的につくることを条件に、表現してみたいものをラフスケッチする。

枝をどのように立てようかな！ 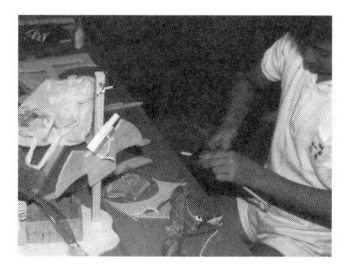　　針金はペンチで切る！ 　　彫刻刀で溝をつけようか！

ベニヤと枝を組み合わせて！ 　　水彩で色をつける！ 　　釘を打って固定する

【第3次活動 (7時間25分)：各自の「私のモニュメント」を追究、表現する。】
○ラフスケッチを参考に、必要に応じて各自のアイディアや表現の方向性などを確認する。
　《ラフスケッチを見て表現の方法や可能性をアドバイスする。》
　・発想や構想について：表現の全体的なイメージ、独自性、機能的な面、形態、色彩、材料の生かし方、補助材料の扱い、その他。
　・立体表現としての技術的な可能性：表現方法、表現技法、材料の扱い、その他。
○ラフスケッチをもとに、各自が表現を追究する。
　自分の表現を追究しながら、新たな表現に気づいて活動を変更したり、友達の表現のよさを見つけて自分の表現に取り入れたりもする。
　《活動の態度や姿勢についてアドバイスする。》
　・材料の準備や活用など　・参考資料の活用など
　・他との協調やよさを取り入れるなど
　・その他
　《用具の使い方について、各自の活動に合わせてアドバイスする。》
　・カッターナイフ、カッターマット、彫刻刀、作業台、鋸、電動糸鋸、キリ、金槌、ペンチ、木工用やすりなど、使い方に注意を要するもの、或いは使い方にこつや技術が必要なものについてアドバイスする。

【第4次活動 (20分)：各自の活動内容を発表し合う。】
○小さな展覧会をして、各自の表現の違いや表現のよさを見つける。

『ガリバーだって気持ちいい…』 　　『ワニの色々物置』 　　『怪獣、「トッタリー」水面から首を出す』

2-ｨ 「表現材料／素材／造形要素」を活動テーマにした授業デザイン

ⅰ 活動のテーマ：各自の表現主題に合わせ、材料としてのひもを使って表現する

（1）活動名：ひもを結ぶ・巻く・縛る・編む、組み合わせて！　【中学年・4時間】
　　　　　－見つけてみよう、どんなことができるかな？－（ひもを使った造形遊び）

（2）授業デザイン

①「授業課題／目標」

◎「授業課題」

　ひもの色や形、材質など、ひもがもっている様々な表情や働きを生かし、表現としての可能性を感覚や感性で捉え、試行錯誤しながら自らの表現を追究、発見していく。
　ひもを中心的な材料にしながら、補助的な材料を使って表現する活動を経験させたい。

◎総括的な授業目標

　線材としてのひもの色や形、材質の造形的な特徴や、結ぶ、巻く、縛る、編むなどの働きとを考え合わせ、それらを組み合わせたり活用したりしながら、自分らしい表現を追究、発見していく。

○観点別目標（興味・関心、発想・構想、創造的な技能、鑑賞）

・身近にあるひもを使い、自主的、主体的な表現活動を楽しむ。
・線材としてひものもっている色や形、材質などの特徴を自分の感覚や感性で捉え、試行錯誤しながら自分らしい表現を追究、発見していく。
・結ぶ、巻く、縛る、編むなど、表現材料としてのひもの可能性を追究する。
・ひもの特徴や働きを生かした表現の楽しさやよさに気づく。

②授業デザイン（構成）方法の選択について

　授業課題は、ひもの特徴や働きを活用した、自主的、主体的な表現の追究、発見です。
　材料を与え、表現対象や主題、表現形式や技法等の選択、決定は子どもに任せています。
　材料の色や形、表現にともなう技術などをもとに、その可能性を見つけさせることです。表現対象や主題、表現形式や技法等の選択、決定等、子どもに任す部分を多く設定し、自分らしい表現を追究させていく課題追究型の授業デザインであり、学習指導要領の概念では「造形遊び」となります。

③活動テーマの設定（活動名）について

　この授業は、「ひも」という材料を使うことを条件とし、それをどのように使うかは子どもに委ねられている活動です。活動名の「ひもを結ぶ・巻く・縛る・編む」の冒頭に「ひも」と提示しているのは中心的な"材料"の指定です。その後に、「結ぶ・巻く・縛る・編む」とつながる言葉は、ひものもっている「表現技法」としての可能性を示しています。このすべての技法を使いなさいという意味ではなく、材料からどんなことができるのか考えを促すための問いかけです。サブタイトルで「－見つけてみよう、どんなことができるかな？

ー」は、材料の可能性を見つけることから、さらに自分らしさの追究、発見、表現へつなげていこうという意味が込められています。

④表現・鑑賞内容について
○表現活動の概要

　ひもはそれ自体、線材として色や形、材質の美しさがある一方、編んだり、ものを結んで束ねたり、縛ってつなぎ合わせたり、巻きつけて保護したりする働きがあります。

　そのひもを中心的な材料として与え、どのようなことができるのか、思考していくのですが、その前に、まずは身の回りから探してみるという段階を入れます。そのことで、ひもといっても色や材質、太さなどいろいろあるということを知り、さらにどのようなことができるのか、補助材との関係も見つめながら、線材のもつ可能性を試行錯誤していきます。

　試行錯誤の中で、ひもの可能性をもとに自分らしい表現へとつなげていきます。つくったものは、最後に小さな展覧会を行い、みんなで見ていきます。

○表現・鑑賞内容とデザイン条件

　ア）表現対象／主題（何を表現する）：ひもの特徴や補助材の特性を生かして各自が表現主題を決める。例えば「飾るもの」「遊ぶもの」「動物」「おもしろい、好きな形」、他。

　イ）表現材料／素材／造形要素（何で表現する）：身近にあるひも類（梱包用のひも各種、毛糸、ポリビニールのカラーテープ、リボンなど）、ベニヤ板の端材、アルミの針金、その他の補助材、クレヨン、カラーフェルトペン、はさみ、ペンチ、その他。

　ウ）表現形式（どのように表現する）：立体、半立体、平面的表現。

　エ）表現様式（どのよう表現する）：具象、抽象、非具象（丸や三角など）的表現。

　オ）表現技法・用具／知識（どのように表現する）：結ぶ、巻く、縛る、編むなどひもでできることを経験し、応用していく。また補助材と組み合わせを試していく。

・活動条件で設定があるものは唯一「イ）表現材料」である。それ以外は、材料や表現の必要性から考えて各自選択する。

⑤その他のデザイン条件の設定について

・授業計画：（4時間）

　第1次：活動の内容を聞いて見通しをつかむ。(30分)

　第2次：ひもがどのように使えるかいろいろ試してみる。(1時間)

　第3次：ひもを好きなように使って自分らしく表現していく。(2時間)

　第4次：小さな展覧会。(15分)

・材料を共通で使ったりしたほうが便利なので、4人1組程度のグループの形をつくる。共同制作ではない。

(3) 授業デザイン・授業分析表

活動名：ひもを結ぶ・巻く・縛る・編む、組み合わせて！
　　　　－見つけてみよう、どんなことができるかな？－ (ひもを使った造形遊び)　【中学年・4時間】

① 授業課題／目標

◎ 授業課題
　ひもの色や形、材質など、ひもがもっている様々な表情や働きを生かし、表現としての可能性を感覚や感性で捉え、試行錯誤しながら自らの表現を追究、発見していく。
　ひもを中心的な表現材料にしながら、補助的な材料を使って表現する活動を経験させたい。

◎ 総括的な授業目標
　線材としてのひもの色や形、材質などの造形的な特徴や、結ぶ、巻く、縛る、編むなどの働きとを考え合わせ、それらを組み合わせたり活用したりしながら、自分らしい表現を追究、発見していく。

○ 観点別目標（興味・関心、発想・構想、創造的な技能、鑑賞）
・身近にあるひもを使い、自主的、主体的な表現活動を楽しむ。
・線材としてひものもっている色や形、材質などの特徴を自分の感覚や感性で捉え、試行錯誤しながら自分らしい表現を追究、発見していく。
・結ぶ、巻く、縛る、編むなど、表現材料としてのひもの可能性を追究する。
・ひもの特徴や働きを生かした表現の楽しさやよさに気づく

② デザイン方法

表現対象や主題、表現形式や技法等の選択、決定等、子どもに任す部分を多く設定し、自分らしい表現を追究させていく「課題追究型」の授業デザインであり、学習指導要領の概念では「造形遊び」となる。

③ 活動のテーマ

活動名の「ひもを結ぶ・巻く・縛る・編む」の冒頭に「ひも」と提示したのは中心的な"材料"の指定である。その後に、「結ぶ・巻く・縛る・編む」とつながる言葉は、ひものもっている「表現技法」としての可能性を示している。

④ 表現・鑑賞内容

○ 表現活動の概要
　ひもを中心的な材料として与え、どのようなことができるのか、試行していく。ひもといっても色や質感、太さなどいろいろあるということを知り、さらにどのようなことができるのか、補助材との関係も見つめながら、線材のもつ可能性を試行錯誤していく。試行錯誤の中で、ひもの可能性をもとに自分らしい表現へとつなげていく。つくったものは、最後に小さな展覧会を行い、みんなで見ていく。

○ 表現・鑑賞内容とデザイン条件
ア) 表現対象／主題(何を表現する)：ひもの特徴や補助材の特性をいかして各自が表現主題を決める。例えば「飾るもの」「遊ぶもの」「動物」「おもしろい、好きな形」、他。
イ) 表現材料／素材／造形要素(何で表現する)：身近にあるひも類(梱包用のひも各種、毛糸、ポリビニールのカラーテープ、リボンなど)、ベニヤ板の端材、アルミの針金、その他の補助材、クレヨン、カラーフェルトペン、はさみ、ペンチ、その他。
ウ) 表現形式(どのように表現する)：立体、半立体、平面的表現。
エ) 表現様式(どのように表現する)：具象、抽象、非具象(丸や三角など)的表現。
オ) 表現技法・用具／知識(どのように表現する)：結ぶ、巻く、縛る、編むなど紐でできるとこを経験し、応用していく。また補助材と組み合わせ、どのようなことができるか試していく。

⑤ その他のデザイン条件

・授業計画：4時間
　第1次：活動の内容を聞いて見通しをつかむ。(30分)
　第2次：ひもがどのように使えるかいろいろ試してみる。(1時間)
　第3次：ひもを好きなように使って自分らしく表現していく。(2時間)
　第4次：小さな展覧会。(15分)
・材料を共通で使ったりしたほうが便利なので、4人1組程度のグループの形をつくる。共同制作ではない。

指導・支援に関するポイント

・事前に活動を予告し、身近にある梱包用のひもや毛糸、リボンなどを集めさせておく。カラーテープは授業者が用意した。

きれいなひも、どんなふうに使おうかな。 　　　　　　　いろいろなひもを、いろいろ組み合わせてみる。

（4）授業の展開

【第1次活動（30分）：活動の内容を聞いて見通しをつかむ。】

○線材としてのひもの色や形、材質などについて、それぞれの特徴や好みなどを確認する。

　・自分はどのようなひもの色や形、材質感が好きか。

　《ひもには、結ぶ、巻く、縛る、編むなどの働きがあることを知らせる。》

　・ひもを使ったものに、例えば、プレゼントのリボン・セーター、プロミスリング等がある。

　《ひも同士、あるいは他の材料と組み合わせると、どのような表現が可能か考えさせる。》

　《補助材の紹介をする：ベニヤ板、アルミの針金など》

【第2次活動（1時間）：ひもがどの様に使えるかいろいろ試してみる。】

○ひもの色や太さ、質感など、どのようなものにするか、自分のイメージに合わせて選ぶ。

○どのような材料の組み合わせにするか、どのような技法を使うか試しながら考える。

　・ひもだけでつくる、または補助材を使う。

　・ひもをどのように使うか（結ぶ・巻く・縛る・編む・つなぐ・つるす・丸める等）。

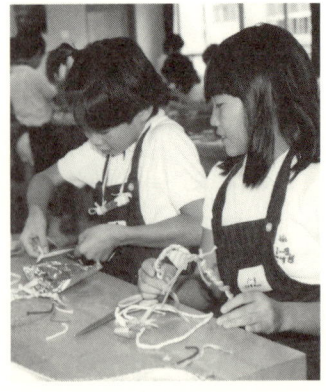

何つくるのかな？ それ面白そうだね。 　　ベニヤ板をいろんな紐で縛ってみた。 　　編んで輪にしてつなげたよ。

髪飾りになりました　　　　　つなげたり巻いたりしたらこんなのができ　　　鳥に足をつけたら立ったよ。
　　　　　　　　　　　　　　た。

【第3次活動（2時間）：ひもを好きなように使って自分らしく表現していく。】
○どんな表現ができるか、表現の可能性を考える。
　・飾るもの、遊ぶもの、動物、使うもの、おもしろい形、へんてこな形、その他。
　《表現のための手助けをする。》
　・ほどけないようにしっかりと結ぶ、巻く、縛るようにする。
　・カラーフェルトペン等で補助的に描くようなこともする。

【第4次活動（15分）：小さな展覧会】
○こんなのができました！
　・自分の作品紹介したり友達の作品を見たりして、その特徴やよさ、違いなどを考える。
　《ひもの材料としての可能性をどのように生かしたかを「工夫したところ」として紹介
　　する。》
　《子どもが選んだ材料の色や形などにも触れて紹介する。》

編んだり重ねたり、大きな輪や小さな輪をつくったりして工夫しました。　　輪飾り、ドアにつけるんだ。

2-ィ 「表現材料／素材／造形要素」を活動テーマにした授業デザイン

ⅱ 活動のテーマ：各自の表現主題に合わせて自由に材料を選択して表現する

(1) 活動名：私の友達、立体的につくりたい！
　　　　　－好きな材料を選んで生かして（自分マークを使って）－　　【高学年・6時間】

(2) 授業デザイン

①「授業課題／目標」の設定について

◎「授業課題」

　造形的な表現主題（テーマ）に合わせ、自主的、主体的、創造的に材料を選択、決定したりしながら自らの表現を追究する能力を培いたい。

　ここでは、表現対象として「自分マーク（各自がすでにもっているマーク）」を取り上げ、さらに平面的な表現を立体的な表現としてつくり変えていく能力を養うこと、それらに使う表現材料を自らの表現主題に合わせて自由に選択、決定して表現を追究することを授業課題とした。

◎総括的な授業目標

　平面表現としての「自分マーク」を立体的に表現する能力を養うとともに、各自の表現主題に合わせ、表現材料や用具、技法などを自主的、主体的、創造的に選択、決定したりしながら自らの表現を追究する。

○観点別目標（興味・関心、発想・構想、創造的な技能、鑑賞）

・表現材料や技法を自由に選びながら、自分マークを立体的に表現する活動に興味や関心をもつ。
・表現材料や技法を自由に選ぶことによって、自らが表現したい立体的な自分マークを思いつく。
・表現材料や技法を工夫しながら活用し、自分マークを立体的に表現する。
・立体的に表現された自分マークについて、その表現材料や技法などの特徴やよさに気づく。

②授業デザイン方法の選択について

　授業の中心的な課題は、「自主的、主体的、創造的に材料を選択、決定したりしながら自らの表現を追究する能力を培う」ことです。それには、授業の中で自ら材料を選択せざるを得ないような環境に子どもを追い込むことが有効と考えられます。そこで各自の表現主題に合わせ、表現材料を自由に選択、決定しながら立体的に表現することを活動のテーマとした「課題追究型」の授業デザインとしました。また、子どもの実態から考え、表現材料や技法の選択、決定に集中させるために、表現対象や表現形式については、既存の自分マーク（表現対象）を立体的（表現形式）に表現することと限定しました。

③活動テーマの設定（活動名）について

活動名「私の友達、立体的につくりたい！」は、表現対象としての「私の友達（自分マーク）」を示し、次にそれを表現形式として「立体的」に表現することを提案しています。

活動テーマは、サブタイトル「－好きな材料を選んで生かして－」に提案されています。

④表現・鑑賞内容について

○表現活動の概要

ここでの表現内容は、まず「私の友達」として各自のオリジナル自分マークを表現対象として取り上げています。友達である自分マークをどのように立体的に表現するのか、中心となる表現材料を選んだり、見つけたり、生かしたり、あるいはそれに伴う表現技法を見つけたり工夫したりしながら、それぞれの立体表現を追究していきます。子どもが選ぶ表現材料の違いにより、表現技法や用具の内容が違ってきます。

ただし、表現材料の選択は、子どもが技術的に、あるいは、授業時間や学校、教室環境の許す範囲で可能なものです。（粘土を除く）各自が自主的、主体的に表現テーマを決め、表現材料や技法などを試行錯誤しながら選択、決定し、自らの表現を追究していく多様な活動が展開されていきます。

○表現・鑑賞内容とデザイン条件

ア）表現対象／主題（何を表現する）：各自が持っている自分マークを表現する。
　　どのような自分マークにするかの表現主題は、表現材料や技法の選択に関連させて各自が自ら選択、決定することになる。

イ）表現材料／素材／造形要素（何で表現する）：各自の表現主題に合わせ、自由に選択、決定する。もちろん、子どもが技術的に、あるいは、授業時間や学校、教室環境の許す範囲で可能な材料選択である（粘土を除く）。

ウ）表現形式（どのように表現する）：立体的に表現する。

エ）表現様式（どのように表現する）：具象的な表現になる。

オ）表現技法・用具／知識（どのように表現する）：各自の表現主題に合わせ、各自が表現技法や用具の選択、工夫をする。

⑤その他のデザイン条件の設定について

・授業計画：6時間

　第1次：自分マークをどのような材料で立体的に作るか話し合う。（25分）

　第2次：各自が選んだ材料を使って、自分マークを立体的に表現する。（5時間）

　第3次：どのような材料で、どのように自分マークを立体的に表現したか、小さな展覧会を開く。（20分）

(3) 授業デザイン・授業分析表

活動名：私の友達、立体的につくりたい！
　　　　　－好きな材料を選んで生かして（自分マークを使って）－　　　【高学年・6時間】

① 授業課題／目標

◎ **授業課題**
　造形的な表現主題（テーマ）に合わせ、自主的、主体的、創造的に材料を選択、決定したりしながら自らの表現を追究する能力を培いたい。ここでは、表現対象として「自分マーク（各自がすでにもっているマーク）」を取り上げ、さらに平面的な表現を立体的な表現としてつくり変えていく能力を養うこと、それらに使う表現材料を自らの表現主題に合わせて自由に選択、決定して表現を追究することを授業課題とした。

◎ **総括的な授業目標**
　平面表現としての「自分マーク」を立体的に表現する能力を養うとともに、各自の表現主題に合わせ、表現材料や用具、技法などを自主的、主体的、創造的に選択、決定したりしながら自らの表現を追究する。

○ **観点別目標**（興味・関心、発想・構想、創造的な技能、鑑賞）
- 表現材料や技法を自由に選びながら、自分マークを立体的に表現する活動に興味や関心をもつ。
- 表現材料や技法を自由に選ぶことによって、自らが表現したい立体的な自分マークを思いつく。
- 表現材料や技法を工夫しながら活用し、自分マークを立体的に表現する。
- 立体的に表現された自分マークについて、その表現材料や技法などの特徴やよさに気づく。

② デザイン方法

各自の表現主題に合わせ、表現材料を自由に選択、決定しながら自分マークを立体的に表現することを活動のテーマとした「課題追究型」の授業デザインである。

④ 表現・鑑賞内容

○ **表現活動の概要**
　友達である自分マークをどのように立体的に表現するのか、中心となる表現材料を選んだり、見つけたり、生かしたり、あるいはそれに伴う表現技法を見つけたり工夫したりしながら、それぞれの立体表現を追究していく。子どもが選ぶ表現材料の違いにより、表現技法や用具の内容が違ってくる。但し、表現材料の選択は、子どもが技術的に、あるいは、授業時間や学校、教室環境の許す範囲で可能なものである。(粘土を除く)各自が自主的、主体的に表現テーマを決め、表現材料や技法などを試行錯誤しながら選択、決定し、自らの表現を追究していく多様な活動が展開される。

○ **表現・鑑賞内容とデザイン条件**
- ア）表現対象／主題(何を表現する)：各自が持っている自分マークを表現する。表現主題は、表現材料や技法の選択に関連させて各自が自ら選択、決定することになる。
- イ）表現材料／素材／造形要素(何で表現する)：各自の表現主題に合わせ、自由に選択、決定する。但し、子どもが技術的に、環境の許す範囲での材料選択である(粘土を除く)。
- ウ）表現形式(どのように表現する)：立体的に表現する。
- エ）表現様式(どのように表現する)：具象的な表現になる。
- オ）表現技法・用具／知識(どのように表現する)：各自の表現主題に合わせ、各自が表現技法や用具の選択、工夫をする。

③ 活動のテーマ

ここでの活動テーマは、サブタイトル「―好きな材料を選んで生かして―」に提案されている。表現材料の自由選択を活動名にすると、子どもに対して活動のインパクトが少なくなるからである。

⑤ その他のデザイン条件

- 授業計画：6時間
  - 第1次：自分マークをどの様な材料で立体的に作るか話し合う。(25分)
  - 第2次：各自が選んだ材料を使って、自分マークを立体的に表現する。(5時間)
  - 第3次：どのような材料で、どのように自分マークを立体的に表現したか、小さな展覧会を開く。(20分)
- 個人制作であり、授業時間の範囲で完成できる大きさの表現作品とする。

指導・支援に関するポイント

- 各自の表現課題、材料選択に合わせて表現技術等を個別的に指導する。

どんな材料で自分マークを立体的につくろうか？ また、どんな材料でつくったら楽しい自分マークになるかな？ 思いついた材料を発表してください。

（4）授業の展開
【第1次活動（25分）：自分マークをどの様な材料で立体的に作るか話し合う。】
○自分マークをつくる材料の可能性について発表する。《板書して、子どもたちに伝える。》
- 紙類／厚紙（工作用紙）、色画用紙、クラフト紙、新聞紙、紙箱、紙袋、ひも、セロハン、その他。
- 布類／端切れ、リボン、毛糸、綿、麻ひも。
- 枝木類／ベニヤ板、角材、割り箸、細枝。
- 石油化学材類／スチロール、スポンジ、ビニル（袋）、エアキャップ、ポリテープ（袋）、ペットボトル。
- 金属類／アルミホイル、アルミ缶、針金。

【第2次活動（5時間）：各自が選んだ材料を使って、自分マークを立体的に表現する。】
○つくってみたい中心的な材料を決める。
- 各自、中心的な材料を決め、それに伴う補助的な材料や用具などを特定して準備する。

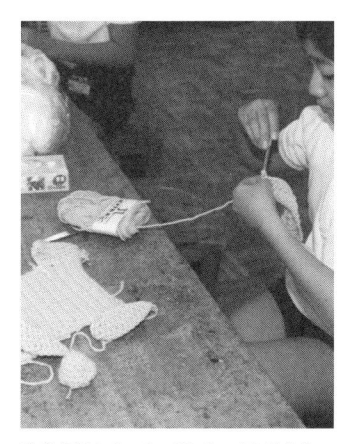

毛糸を編んでつくってみる。さわり心地がいいでしょう。

ビニルや発泡スチロール、エアキャップで作っても面白そう！

僕は針金でつくってみようかな！

各自、自分が選んだ材料を使い、自分マークを立体的につくる。

エアキャップを使って。 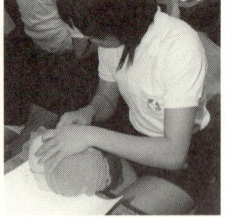　毛糸からだって！ 　　割り箸を使って。 　　綿を使って！

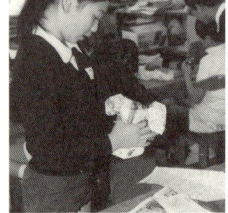

新聞紙を使って。 　　紙袋も利用できそう！ 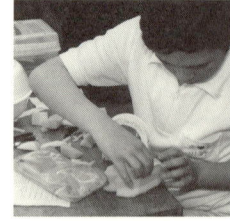　スポンジを使って。 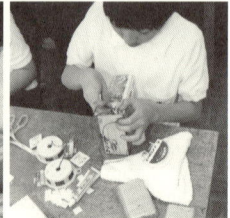　紙箱も使える。

○選んだ材料をどのように使って立体的に表現していくか、試行錯誤をしながら表現技法や自分マークとしての特徴、色や形など、造形性を追究する。
　・主材料をもとに、その他の材料をどのように組み合わせて立体化するか。
　・材料の接続、接着をどのようにするか。
　・自分マークとしての手足や顔など、どのように表現するか。
　《各自の表現に合わせ、個別に指導する。》

【第3次活動(20分)：どのような材料で、どのように自分マークを立体的に表現したか、小さな展覧会を開く。】

○立体的に表現された自分マークについて、その表現材料や技法などの特徴やよさに気づく。

木片を組み合わせて！ 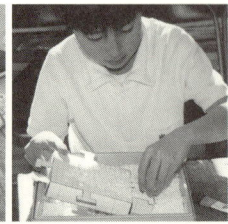　発泡スチロールを貼りつけて！

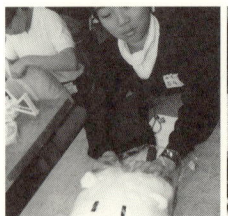

透明袋の中に綿を詰めて！ 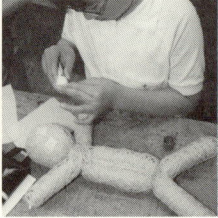　芯に凧糸を巻き付けて！

いろいろな材料でこんな立体的な自分マークができました。

72

2-ゥ 「表現形式」を活動テーマにした授業デザイン

ⅰ）活動のテーマ：表現形式（平面、立体）を自由に選択する
(1) 活動名：紙箱だって素敵な材料
　　　　　　　－開いた紙箱の形や状態からイメージを広げて－　　【中学年・2時間】
(2) 授業デザイン
①「授業課題／目標」の設定について
◎「授業課題」

　表現には決められた内容があるわけではなく、自らを表現するために表現形式（平面、半立体、立体等）、材料、技法等を自由に活用することができることを知らせたい。
　この活動では、材料である開いた紙箱の形や状態から表現対象や主題（テーマ）を思いつき、表現形式（平面、半立体、立体等）や表現技法を自主的、主体的、創造的に選択、発見しながら自らの表現を追究する能力を培いたい。

◎総括的な授業目標

　開いた紙箱の形や状態からイメージを広げ、自主的、主体的、創造的に絵を描いたり立体的につくったりするなど、自らが表現したいものごとを思いつき、自らの造形表現を追究する。

○観点別目標（興味・関心、発想・構想、創造的な技能、鑑賞）

・開いた紙箱の形や状態からイメージを広げ、思いついたものごとを自由に表現できることの楽しさに気づく。
・開いた紙箱の形や状態から絵を描いたり立体的につくったりするなど、自らが表現したいものごとを思いつく。
・表現形式、技法を選んだり見つけたり工夫したりしながら、自らが思いついたものごとを表現する。
・各自が表現活動のよさや特徴に気づき、相互に認め合う。

②授業デザイン方法の選択について

　絵を描いたり立体的につくったり、自らを表現するための表現形式の選択について、自由で開かれた心や考え方、扱い方を経験させたいと考えます。ここでは材料として普通は使わない「開いた紙箱」を取り上げ、その形や状態を基に表現形式や表現技法を自由に選択し、自らの表現を追究していく「課題追究型」の授業デザイン方法を取り入れました。

③活動テーマの設定（活動名）について

　活動名「紙箱だって素敵な材料」は、普通は使わない開いた紙箱でも、表現材料として使えることを提案したものです。これは、どのようなものでも表現材料にすることができることを示しています。サブタイトルの「－開いた紙箱の形や状態からイメージを広げて－」は、材料の形や状態（箱の側面部分が動くなど）からイメージ広げ、表現対象・主題や形式、

技法を自由に見つけながら表現を追究していくことを示唆したものです。
④表現・鑑賞内容について
○表現活動の概要

　紙箱は、開くと様々な形が表れてくるような組み立て式のものを使います。紙箱はあらかじめ見本を見せて集めさせておきます。この開いた紙箱を利用し、表れてくる様々な形や折り曲げることができる箱の側面を活用し、どのような表現ができるか、あるいは表現してみたいか考えます。箱の複雑な形を利用して平面的、半立体的に絵画表現することも、立体的に工作表現することもできます。これらの表現の可能性を考えながら、各自が表現したい表現対象・主題や形式、技法を選択しながら表現を追究していきます。

○表現・鑑賞内容とデザイン条件について

　ア）表現対象／主題（何を表現する）：材料の形や状態からイメージを広げ、各自が選択、決定、追究する。

　イ）表現材料／素材／造形要素（何で表現する）：各自が持ち寄った「開いた紙箱」を使う。自らが決めた表現テーマに合わせ、使う材料も異なってくる。

　ウ）表現形式（どのように表現する）：各自の表現対象・主題に合わせ、平面、半立体、立体、絵画的、工作的表現等を選択、決定、追究する。

　エ）表現様式（どのように表現する）：具象的、抽象的等、自由に選択、決定する。

　オ）表現技法・用具／知識（どのように表現する）：各自の表現対象・主題に合わせ、選択、決定、追究する。自らが決めた表現対象・主題により、使う技法や用具も異なってくる。

⑤その他のデザイン条件の設定について
- 授業計画：2時間

　第1次：紙箱を開き、表現の可能性を話し合う。（20分）

　第2次：各自、およそのテーマを決め、表現を追究する。（1時間10分）

　第3次：小さな展覧会をする。（15分）

- 紙箱は、開くと様々な形が表れてくるような組み立て式のものを使う。
- 紙箱はあらかじめ見本を見せて複数集めさせておく。
- 各自が表現したいものに合わせ、紙箱を選択できる。あるいは、複数の開いた紙箱から、各自が表現したいものを見つけ、選択することができる。
- 個人制作であり、共同制作は行わない。
- 描材としては、カラーフェルトペンかクレヨン、鉛筆の範囲にとどめ、ここでは水彩絵の具は使わせない。
- 工作的な表現としては、はさみやカッターナイフ、カッターマット等、既習の用具や技法の範疇の活動とする。

(3) 授業デザイン・授業分析表

活動名：紙箱だって素敵な材料
　　　　－開いた紙箱の形や状態からイメージを広げて－　　　[中学年・2時間]

① 授業課題／目標

◎授業課題
　表現には決められた内容があるわけではなく、自らを表現するために表現形式（平面、半立体、立体等）、材料、技法等を自由に活用することができることを知らせたい。この活動では、材料である開いた紙箱の形や状態から表現対象や主題を思いつき、表現形式や表現技法を自主的、主体的、創造的に選択、発見しながら自らの表現を追究する能力を培いたい。

◎総括的な授業目標
　開いた紙箱の形や状態からイメージを広げ、自主的、主体的、創造的に絵を描いたり立体的につくったりするなど、自らが表現したい対象や主題を思いつき、自らの造形表現を追究する。

◎観点別目標（興味・関心、発想・構想、創造的な技能、鑑賞）
　・開いた紙箱の形や状態からイメージを広げ、思いついた対象や主題を自由に表現できることの楽しさに気づく。
　・開いた紙箱の形や状態から絵を描いたり立体につくったりするなど、自らが表現したい対象や主題を思いつく。
　・表現形式、技法を選んだり見つけたり工夫したりしながら、自らが思いついた対象や主題を表現する。
　・各自が表現活動のよさや特徴に気づき、相互に認め合う。

② デザイン方法

材料として「開いた紙箱」を取り上げ、その形や状態から表現形式や表現技法を自由に選択し、表現を追究していく「課題追究型」の授業デザイン方法をとりいれた。

③ 活動テーマ

活動名「紙箱だって素敵な材料」は、普通は使わない開いた紙箱でも、表現材料として使えることを提案したものである。

④ 表現・鑑賞内容

○表現活動の概要
　紙箱は、開くと様々な形が表れてくるような組み立て式のものを使う。この開いた紙箱を利用し、表れてくる様々な形や折り曲げることができる箱の側面を活用し、どのような表現ができるか、あるいは表現してみたいか考える。箱の複雑な形を利用して平面的、半立体的に絵画表現することも、立体的に工作表現することもできる。これらの表現の可能性を考えながら、各自が表現したい対象・主題を選択しながら表現を追究していく。

○表現・鑑賞内容とデザイン条件
　ア）表現対象／主題(何を表現する)：材料の形や状態(箱の側面が動くなど)からイメージ広げ、各自が選択、決定、追究する。
　イ）表現材料／素材／造形要素(何で表現する)：各自が持ち寄った「開いた紙箱」を使う。自らが決めた表現対象・主題に合わせ、使う材料も異なってくる。
　ウ）表現形式(どのように表現する)：各自の表現対象・主題に合わせ、平面、半立体、立体、絵画的、工作的表現、等を自らが選択、決定、追究する。
　エ）表現様式(どのように表現する)：具象的、抽象的等、自由に選択、決定する。
　オ）表現技法・用具／知識(どのように表現する)：各自の表現対象・主題に合わせ、自らが選択、決定、追究する。テーマにより、使う技法や用具も異なってくる。

⑤ その他のデザイン条件

・授業計画：2時間
　第1次：紙箱を開き、表現の可能性を話し合う。(20分)
　第2次：各自、およそのテーマを決め、表現を追究する。(1時間10分)
　第3次：小さな展覧会をする。(15分)
・紙箱は、開くと様々な形が表れてくるような組み立て式のものを使う。
・紙箱はあらかじめ見本を見せて複数集めさせておく。
・各自が表現したいものに合わせ、紙箱を自由に選択できる。
・描材としては、カラーフェルトペンかクレヨン、鉛筆の範囲にとどめ、ここでは水彩絵の具は使わせない。
・工作的な表現としては、はさみやカッターナイフ、カッターマット等、既習の用具や技法の範疇の活動とする。

指導・支援に関するポイント

・資料提示：集めさせる紙箱の見本を提示する。

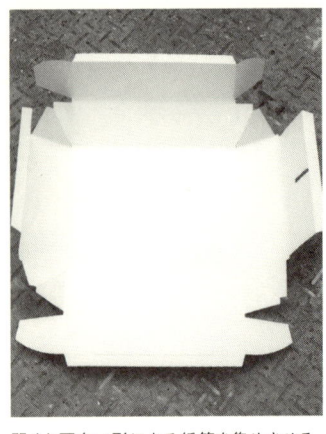

開くと面白い形になる紙箱を集めさせる。形が開き展開されるものもある。

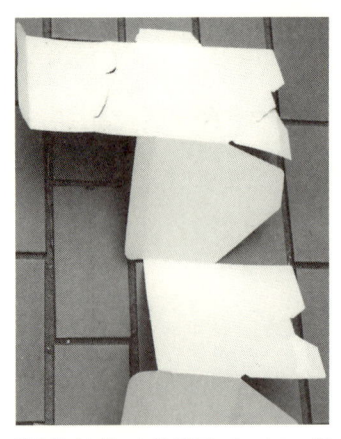

箱を開くと様々な形が表れる。また、折り目が自由に曲げられる。

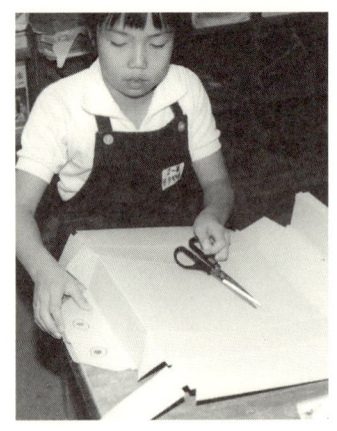

折り目を利用してカメが動くようにしたいな。

(4) 授業の展開

【第1次活動(20分)： 紙箱を開き、表現の可能性を話し合う。】

○箱を開いてみよう。どんな形が表れるかな！

　《紙箱を開きながら、箱が広がり、形が変化していく様子を見せながら、「箱はこんなふうになっているんだね。それに裏側は何も印刷していないから綺麗で、絵だって描けるし、いろいろなものもできそうですね」などと説明する》

・各自が持ってきた紙箱を開いて、どのような形や状態か確かめる。
・紙のいろいろな形や折り目などを利用するとどのような表現ができそうか、各自の考えを発表するとともに、友達の考えを参考にして考える。

【第2次活動(1時間10分)：各自、およそのテーマを決め、表現を追究する。】

箱の形が人に似ていたので友達をたくさん描くことにしました。

箱の形を使って私の部屋をつくるんだ。

猫を立体的につくってみる。手足が動くようにしたいな！

立体的な絵が描けて楽しいね。川に橋をかけたんだ。

○どんな表現ができるかな！ いろいろな形を利用して絵を描く。
- お話をつくるように描く。
- 模様のように描く。
- 形遊びのように描く。

○形や折り目を利用して絵を描いたり、ものをつくったりする。
- 動く動物や生き物などがつくれそう。
- 立体的なパズルができないか！
- 立体的な絵も描けそう。

【第3次活動（15分）：小さな展覧会をする。】

○開いた紙箱の形や折り目をどのように利用して楽しく表現しているかな！
- 自分が頑張ったところや友達が工夫をしているところ見つける。

私は「楽しい町の地図」です。　私は「遊園地」を描きました。

箱の折り目を利用して顔の表情がいろいろ変わるようにしました。

2-ゥ 「表現形式」を活動テーマにした授業デザイン

ⅱ 活動のテーマ：新たな表現形式へ（マンガ）の試み

(1) 題材名：つなげ絵（マンガ）オリジナル
　　　　　　－主人公は私（自分マークを使って）－　　【高学年・4時間】

(2) 授業デザイン

①「授業課題／目標」の設定について

◎「授業課題」

　子どもに造形表現は気楽に自己主張ができる活動であることを知らせたい。肩のこらない活動を通して、遊び感覚を生かして自分らしさを他に伝えていく喜びを経験させたいのである。

　それには、子どもや時代に合った手軽な表現を積極的に活動の中に取り入れていくことも必要である。

　ここでは今まで学校の授業として取り上げなかった新たな試みとして、オリジナルマンガである「つなげ絵」に取り組んでいく。マンガは子どもが日常的に目にするものであり、興味や関心が高い。また、気楽に楽しみながら表現できる。自分マークを主人公に、自らの物語をつなげ絵（マンガ）によって表現することを通して、造形表現の本質的な意味を伝えたい。

◎**総括的な授業目標**

　自分マークを主人公に、オリジナル物語をマンガとして気楽に描くことを通し、造形表現とは楽しく自由に自己表現することであることに気づく。

○**観点別目標**（興味・関心、発想・構想、創造的な技能、鑑賞）

　・自分マークを主人公に、オリジナル物語をマンガとして描くことを楽しむ。
　・自分マークを主人公に、自分らしいオリジナル物語を思いつく。
　・自分に合った技法を見つけながら、つなげ絵（マンガ）を描く。
　・つなげ絵（マンガ）を読み合いながら、造形表現とは楽しく自由に自己表現することであることに気づく。

②授業デザイン方法の選択について

　授業課題は、つなげ絵（マンガ）という表現形式を通して造形表現の本質的な意味を伝えることであり、授業構成は単純です。

　子どもにつなげ絵（マンガ）を描くことを提案し、各自がオリジナルつなげ絵を描いて楽しむことです。どのような物語にするか、テーマをの決定は子どもにゆだねられていますが、その他の表現内容は決められています。表現形式である、つなげ絵（マンガ）を描くことをテーマにした「指導・示範型」の授業デザイン方法です。

③活動テーマの設定（題材名）について

　題材名、「つなげ絵（マンガ）オリジナル」は、つなげ絵（マンガ）を描くことと、自分のオリジナルな物語にすることを提案しています。

　さらにサブタイトル、「－主人公は私（自分マークを使って）－」で、自分マークを主人公にした物語であることを強調しているのです。

④表現・鑑賞内容について

○表現活動の概要

　自分自身を主人公にして、あるいは自分のオリジナルキャラクターをつくって「つなげ絵（マンガ）」を描いていく。ここではキャラクターもストーリーもオリジナルであることが条件です。

　こうしたマンガや劇画的な表現は子どもに人気があり、また得意でもあります。複数の画面で時間的な経過を表現できること、また手軽に表現できることなどが人気の所以です。子どもは、日常的にマンガがある環境の中で生活しています。慣れ親しんだ方法で自分らしさを主張させていくのです。

　はじめて描く、つなげ絵（マンガ）です。ここではマス目を印刷した形式用紙を配り、その中に描いていくことにしました。

○表現・鑑賞内容とデザイン条件について

　ア）表現対象／主題（何を表現する）：自分マークを主人公に、各自の物語を考えて表現する。

　イ）表現材料／素材／造形要素（何で表現する）：鉛筆、ペン。

　ウ）表現形式（どのように表現する）：平面、絵画、マンガ。

　エ）表現様式（どのように表現する）：具象的表現。

　オ）表現技法・用具／知識（どのように表現する）：マンガ技法、マンガについての知識。

　・６マス用／８マス用つなげ絵用紙（Ｂ４上質紙にマスを印刷したもの）を配布。

　・６マス用／８マス用つなげ絵用紙は、必要に応じ、複数枚配布する。

⑤その他のデザイン条件の設定について

・授業計画：４時間

　第１次：自分マーク（オリジナルキャラクター）をつくる。（１時間）

　第２次：「つなげ絵（マンガ）」を描く。（２時間）

　第３次：「つなげ絵（マンガ）」を読んで楽しむ。（１時間）

　第４次：クラスの「つなげ絵」雑誌を発行する。（発展）

・クラスの「つなげ絵」雑誌は、絵を必要枚数印刷し、表紙をつけたもの。みんなで協力してクラスの雑誌をつくる。

(3) 授業デザイン・授業分析表

題材名：つなげ絵（マンガ）オリジナル
　　　　－主人公は私（自分マークを使って）－　　　［高学年・4時間］

① 授業課題／目標

◎授業課題
子どもに造形表現は気楽に自己主張ができる活動であることを知らせたい。肩のこらない活動を通して、遊び感覚を生かして自分らしさを他に伝えていく喜びを経験させたいのである。それには、子どもや時代に合った手軽な表現を積極的に活動の中に取り入れていくことも必要である。ここでは今まで学校の授業として取り上げなかった新たな試みとして、オリジナルマンガである「つなげ絵」に取り組んでいく。自分マークを主人公、に自らの物語をつなげ絵（マンガ）によって表現することを通して、造形表現の本質的な意味を伝えたい。

◎総括的な授業目標
自分マークを主人公に、オリジナル物語をマンガとして気楽に描くことを通し、造形表現とは楽しく自由に自己表現することであることに気づく。

○観点別目標（興味・関心、発想・構想、創造的な技能、鑑賞）
・自分マークを主人公に、オリジナル物語をマンガとして描くことを楽しむ。
・自分マークを主人公に、自分らしいオリジナル物語を思いつく。
・自分に合った技法を見つけながら、つなげ絵（マンガ）を描く。
・相互のつなげ絵（マンガ）を読み合いながら、造形表現とは楽しく自由に自己表現することであることに気づく。

② デザイン方法

表現形式である、つなげ絵（マンガ）を描くことをテーマにした「指導・示範型」の授業デザインである。

③ 活動テーマ

題材名、「つなげ絵（マンガ）オリジナル」は、つなげ絵（マンガ）を描くことと、自分のオリジナルな物語にすることを提案している。

④ 表現・鑑賞内容

○表現活動の概要
自分自身を主人公にして、あるいは自分のオリジナルキャラクターをつくって「つなげ絵（マンガ）」を描いていく。ここではキャラクターもストーリーもオリジナルであることが条件である。子どもは、日常的にマンガのある環境の中で生活している。慣れ親しんだ方法で自分らしさを主張させていくのである。はじめて描く、つなげ絵（マンガ）である。ここではマス目を印刷した形式用紙を配り、その中に描いていくことにした。

○表現・鑑賞内容の視点と範囲
ア）表現対象／主題（何を表現する）：自分マークを主人公に、物語を考えて表現する
イ）表現材料／素材／造形要素（何で表現する）：鉛筆、ペン。
ウ）表現形式（どのように表現する）：平面、絵画、マンガ。
エ）表現様式（どのように表現する）：具象的表現。
オ）表現技法・用具／知識（どのように表現する）：マンガ技法、マンガについての知識。
・6マス用／8マス用つなげ絵用紙（B4上質紙にマスを印刷したもの）を配布。
・6マス用／8マス用つなげ絵用紙は、必要に応じ、複数枚配布する。

⑤ その他のデザイン条件

・授業計画：4時間
　第1次：自分マーク（オリジナルキャラクター）をつくる。（1時間）
　第2次：「つなげ絵（マンガ）」を描く。（2時間）
　第3次：「つなげ絵（マンガ）」を読んで楽しむ。（1時間）
　第4次：クラスの「つなげ絵」雑誌を発行する。（発展）
・クラスの「つなげ絵」雑誌は、絵を必要枚数印刷し、表紙をつけたもの。みんなで協力してクラスの雑誌をつくる。

指導・支援に関するポイント

・立派な作品を描くのではなく、気楽に楽しく描けるような環境をつくる。

自分マーク「パイン」 　　　自分マーク「たくの助」 　　　自分マーク「きり」

(4) 授業の展開

【第1次活動（1時間）：自分マーク（オリジナルキャラクター）をつくる。】

○自分マークは、自分が一番気に入っているもの、興味があるものなどを擬人化してつくる。

　・形をデフォルメして単純化し、描きやすい形につくる。

【第2次活動（2時間）：「つなげ絵（マンガ）」を描く。】

○6マス用／8マス用つなげ絵用紙の2種類である。

　《描くつなげ絵用紙は、B4の6マス用／8マス用の2種類の用紙を用意した。必要に応じて選択して使う。》

　・「つなげ絵」は難しく考えずに思いついたものをどんどん描いていくようにする。作品の題名は後で考えればよい。もちろん、はじめに題を考え、計画的に描いてもよい。

どんな自分マークの物語にしようか。 　　　鉛筆で簡単な下描きをしてからペンで描いていく。

自分マーク「きり」物語、完成です。 　　　　　完成した。自分マーク、「ウルル」の『ゴミはごみばこに!!』

《描き方や内容、長さや枚数などもほとんど制限しない。「4コマ」でもコマ数を制限しないものでもよい。》

《マンガや劇画などの専門的な知識や描き方を指導することはしない。むしろ、日常的な知識や経験を生かす範囲で活動させることで十分である。》

○彩色にはカラーフェルトペンや硬質クレヨンを使うが必ずしも彩色する必要はない。

【第3次活動（1時間）：「つなげ絵（マンガ）」を読んで楽しむ。】

○完成した作品を相互に交換して読み合う。

・子どもは描いている最中でも友達の作品を読んで楽しんでいる。また、友達に見せるのを楽しみながら描いてもいる。

・「つなげ絵」は、授業中に限らず休み時間や余った時間などを利用して気楽に描いて楽しむことができる。

【第4次活動（発展）：クラスの「つなげ絵」雑誌を発行する。】

○雑誌名を考え、編集委員を決めて表紙のデザインをしたり作品を印刷したりして楽しむ。

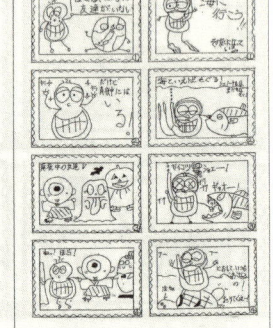

作品を交換し合って読む。　　クラスの雑誌として発行した、「つなげ絵タツギョ」の表紙。
　　　　　　　　　　　　　　右の作品は4コマのつなげ絵。

2-ｴ 「表現様式」を活動テーマにした授業デザイン

ⅰ 活動のテーマ：フォービズムの考え方で表現する

(1) 題材名：好きな色で描く風景
　　　　　　－色をつくり、心を開いて気持ちよく－　　【中学年・4時間】

(2) 授業デザイン

①「授業課題／目標」の設定について

◎「授業課題」

　絵は見たものを再現するだけではなく、自分の好きな色を自由に組み合わせて描くような方法もあることを知らせたい。

　これは20世紀初頭の芸術運動のひとつであるフォービズムによって示された考え方である。当時は、見たままの色を再現するのではなく、個人の感じた色を用いるなど、既成の枠を外すというところにフォービズムの新しさがあった。画家としてはマチスやブラマンクがよく知られている。

　本活動では、このフォービズムの概念を用いて風景を描くことで、表現の多様性に気づかせたい。

◎**総括的な授業目標**

　心を開き、自分の好きなように風景の色を自由に変えて描くことを通して、絵は自分の感覚や考え方を大切に、どのようにでも色を変えて描くことができる、とする考え方を知る。

○**観点別目標**（興味・関心、発想・構想、創造的な技能、鑑賞）

・自分の好きなように風景の色を自由に変えて描くことを楽しむ。

・使いたい色を考え、色づくりや配色を様々に試そうとする。

・水彩絵の具を用い、その特性を利用して、いろいろなタッチを試そうとする。

・自分や友達の作品を見ながら、それぞれの配色のよさに気づく。

②授業デザイン方法の選択について

　この授業の中心的な課題は、フォービズムの概念を用い、絵は自分の感覚や考え方を大切にどのようにでも色を変えて描くことができる、とする考え方を知らせることです。

　本活動では、「表現様式」を活動テーマに、絵画表現としての色の扱い方に注目させて各自の表現を促していきます。表現活動としては限定した内容の度合いが強く、「指導・示範型」の授業デザイン方法ということになります。

③活動テーマの設定（題材名）について

　風景を描くとは、見えたものを再現するだけではないということから、題材名として「好きな色で描く」としました。またサブタイトルに「色をつくり」としたのは、絵の具のチューブから出した色をそのまま使うのではなく、自分で混色をしていくということを示唆したものです。さらに、「心を開いて気持ちよく」としたのは、「自らの思いのまま」に「試み

る」という気持ちで向き合うことを示したものです

④表現・鑑賞内容について
○表現活動の概要

　風景を描かせると「風景写生は自然の色や形を忠実に写すこと」という表現が大半を占めます。しかし、それはひとつの価値観であり、風景画として見たものを描くというときにも、いろいろな方法があるということに気づかせるために、フォービズムの画家、マチスやブラマンクが描いた風景画を見せ、その描き方、色の使い方などに注目させます。

　図画工作の大きな教育の目的として、「多様な価値に気づく」ということが挙げられます。この課題では、特に「色を自由」にすることで、風景画にも様々な描き方があることを体験させるものです。これは、色を通して既存の価値（概念）を変換することもいえるでしょう。また色の試行錯誤を行うことを通して、水彩絵の具の特性に気づき、タッチについても考えさせます。例えば、絵の具に水を多く加えたとき、少なくしたとき、水を加えなかったときなど水の配合の違いと色の見え方の関係や、筆の腹を使って絵具をのばして描くときと、筆の穂先で色を置くように描くときの違いなど、自分たちでも試行しながら、水彩絵の具の特性や筆の使い方にも目を向けさせていきます。

○表現・鑑賞内容とデザイン条件について

　ア）表現対象／主題（何を表現する）：風景（学校内にある自然／公園などの自然）。

　イ）表現材料／素材／造形要素（何で表現する）：四切画用紙、水彩絵の具セット、鉛筆。

　ウ）表現形式（どのように表現する）：平面、絵画。

　エ）表現様式（どのように表現する）：色彩を自由に使った具象的な表現とする。

　オ）表現技法・用具／知識（どのように表現する）：水彩絵の具の使い方、絵の具の濃淡やタッチ、フォービズムの描画技法、画家について。

・本授業では、「表現様式」として絵画表現における「色」の解放であり、形については、具象的に表現させる。つまりデザイン条件としては、子どもの視点を色に向けさせ、そこで試行錯誤する内容となっている。

⑤その他のデザイン条件の設定について
・授業計画：4時間

　第1次：自由な色彩で描かれた絵を見て話し合う。（20分）

　第2次：自分の気に入った場所を見つけ、簡単に鉛筆でスケッチする。（1時間）

　第3次：水彩絵の具を使い自由な色で描く。（2時間10分）

　第4次：小さな展覧会（15分）

・身近に自然の風景がない場合は、静物をモチーフとして描くこともできるだろう。

・公園など、学校外にいくときは、安全面や時間配分、集合時間などに十分注意するよう指導する。

(3) 授業デザイン・授業分析表

題材名：好きな色で描く景色
　　　　―色をつくり、心を開いて気持ちよく―　　　【中学年・4時間】

① 授業課題／目標

◎授業課題
絵は見たものを再現するだけではなく、自分の好きな色を自由に組み合わせて描くような方法もあることを知らせたい。本活動では、フォービズムの概念を用いて風景を描くことで、表現の多様性に気づかせたい。

◎総括的な授業目標
心を開き、自分の好きなように風景の色を自由に変えて描くことを通して、絵は自分の感覚や考え方を大切に、どのようにでも色を変えて描くことができる、とする考え方を知る。

○観点別目標（興味・関心、発想・構想、創造的な技能、鑑賞）
・自分の好きなように風景の色を自由に変えて描くことを楽しむ。（興味関心）
・使いたい色を考え、色づくりや配色を様々に試そうとする。（発想構想）
・水彩絵の具を用い、その特性を利用して、いろいろなタッチを試そうとする。（創造的技能）
・自分や友達の作品を見ながら、それぞれの配色のよさに気づく。（鑑賞）

② デザイン方法

「表現様式」を活動テーマに、絵画表現としての色の扱い方に注目させて各自の表現を促していく。表現活動としては限定した内容の度合いが強く、「指導・示範型」の授業デザイン方法ということになる。

③ 活動テーマ

風景を描くとは、見えたものを再現するだけではないということから、題材名として「好きな色で描く」とした。

④ 表現・鑑賞内容

○表現活動の概要
フォービズムの画家たちが自然の色を自由に置き換えて描いた絵を見ることによって、絵は自分を表現するために色をどのようにでも使っていいことに気づかせる。また自分の感覚を大切に自由に色を使って描くことを通し、水彩絵の具の使い方や色の濃淡、筆のタッチなどについても考えさせたい。

○表現・鑑賞内容とデザイン条件
ア）表現対象／主題(何を表現する)：風景（学校内にある自然／公園などの自然）
イ）表現材料／素材／造形要素(何で表現する)：四切画用紙、水彩絵の具セット、図画用鉛筆。
ウ）表現形式(どのように表現する)：平面、絵画。
エ）表現様式(どのように表現する)：色彩を自由に使った具象的な表現とする。
オ）表現技法・用具／知識(どのように表現する)：水彩絵の具の使い方、絵具の濃淡やタッチなど、フォービズムの描画技法、画家について。
・本授業は、「表現様式」として絵画表現における「色」の解放であり、形については、具象的に表現させる。つまりデザイン条件としては、子どもの視点を色に向けさせ、そこで試行錯誤する内容になっている。

⑤ その他のデザイン条件

・授業計画：4時間
　第1次：自由な色彩で描かれた絵を見て話し合う。(20分)
　第2次：自分の気に入った場所を見つけ、簡単に鉛筆でスケッチする。(1時間)
　第3次：水彩絵の具を使い自由な色で描く。(2時間10分)
　第4次：小さな展覧会(15分)
・身近に自然の風景がない場合は、静物をモチーフとして描くこともできるだろう。
・公園など、学校外にいくときは、安全面や時間配分、集合時間などに十分注意するよう指導する。

指導・支援に関するポイント

・マチスの写生画（フォービズムの画家のものなど色彩が自由に使われている風景画）を導入で提示する。
・校舎外での活動（安全確保や持ち物、時間等の指示）

マチス作 オリーブ林（1901）
「何を描いた絵だと思う？」「気づいたところはあるかな？」

ブラマンク／赤い木のある風景（1906）

（4）授業の展開

【第1次活動（20分）：自由な色彩で描かれた絵を見て話し合う。】

○マチスやブラマンクの絵を見て、見えた色ではなく自分の好きな色に変えて描いていることに気づく。

《導入時には、「魔法使いになって、自由に色を塗り替えてみよう！」というような声がけを行うことで、「色の解放」、心理面では「固定概念からの解放」を行う。》

【第2次活動（1時間）：自分の気に入った場所を見つけ、簡単に鉛筆でスケッチする。】

○自分の気に入った場所を見つける。
　・描きたい風景を選ぶときには、「ありの目」（近づいてみたり）「とりの目」（離れてみたり）になったりして気に入った場所を見つける。

○簡単な鉛筆スケッチをする。
　・色で描いていくので、スケッチは全体を「おおづかみ」に描く。

面白い木がたくさん見えるいい場所見つけた！

描くものが決まったので直接絵の具で描いてみてもいい。

お気に入りの色を組み合わせるんだ。

木の葉の色、何色にしようかな！　青い色はどうかな！ 　　　　　　筆で点を打つように葉を描いてみる。

【第3次活動（2時間10分）：水彩絵の具を使い自由な色で描く。】
○見えた自然の色を、自由に描き替える。
　《「木の幹＝茶色、葉の色＝緑」ではなく、全く違う色に塗り替えてよいことを伝える。》
　《躊躇している子どもは、はじめに描きたいところを聞き、何色に変えたいか尋ねたり、描き始めている子どもの作品を見せたりしていく。》
○どのような色や配色が好きか、面白いか、自分の造形感覚を大切に描いていく。
　《自由に描くことは、めちゃくちゃに描くことではないことに気づかせる。》
○いろいろなタッチを工夫する。
　《塗り方に難しさを感じている子どもには、友達の作品を見て回るように助言する。》
　《点や線、面、絵の具の濃度の違いなど、いろいろな塗り方があることに気づかせる。》

【第4次活動：（15分）小さな展覧会】
○相互に好きな色で描けたか、色の組み合わせや筆の使い方などの特徴を見つけ合う。

こんな風に描けました。好きな色で描くの、楽しかった！ 　　　　色の魔法使いになって風景を変身させたよ！

2-ェ 「表現様式」を活動テーマにした授業デザイン

ⅱ 活動のテーマ：キュビズムの考え方で表現する

(1) 題材名：ピカソのキュビズムってどんな絵？
　　　　　　－いろいろな視点から捉えた対象をひとつの画面に－　【高学年・6時間】

　(2)　授業デザイン

①「授業課題／目標」の設定について

◎「授業課題」

　絵は様々な考え方や方法で描くことができる。本授業では特に形の捉え方に注目し、キュビズム（立体主義／様式）の考え方を知らせたい。

　キュビズムの作家は、例えば対象（モチーフ）をいろいろな視点から捉え、ひとつの画面にまとめて表現した。それは美術文化史において、絵画表現に対する考え方に変革をもたらし、抽象表現の可能性を開いた。こうしたキュビズムの表現を子どもに紹介し、絵画表現に対する見方や考え方を広げていきたい。

◎総括的な授業目標

　絵は描く対象を客観的、視覚的に捉えて描くだけではなく、主観的に描くこともできる。キュビズムは、対象を多角的な視点から捉え、ひとつの画面に再構成して表現した。そうしたキュビズムの造形的なものの見方や考え方を知り、その表現を思考、追究する。

○観点別目標（興味・関心、発想・構想、創造的な技能、鑑賞）

　・キュビズムの造形的なものの見方や考え方を知り、その表現を楽しむ。
　・キュビズムの対象の捉え方から、絵画表現に対する見方や考え方を広げる。
　・キュビズムの表現技法を試し、自分なりに対象を再構成して表現する。
　・キュビズムの絵画表現を知り、自分の好みや考え方を比較、確認する。

②授業デザイン方法の選択について

　授業課題は、キュビズムの造形的なものの見方や考え方、表現技法を知り、その表現を、追究させることです。

　この活動はキュビズムという表現様式を通して、ものの捉え方を形から追究していく授業であり、表現対象は教室にあるものという制限の緩いものですが、表現主題（キュビズム表現）、表現形式、表現様式、表現技法は指導者が決めています。それはキュビズムの造形的なものの見方や考え方、表現技法を教えることを中心的な課題としており、授業デザイン方法としては「指導・示範型」ということになります。

③活動テーマの設定（題材名／活動名）について

　題材名、「ピカソのキュビズムってどんな絵？」は、子どもに対する問いかけになっています。また冒頭に、子どもに名前や作品が知られている「ピカソ」を入れることで、まずピカソの表現を思い浮かべさせることができます。さらに「どんな絵」と体言止めの言

葉を入れ、インパクトを与えようとしたものです。サブタイトル、「－いろいろな視点から捉えた対象をひとつの画面に－」は、キュビズムの絵画表現の考え方を示唆したものです。

④表現・鑑賞内容について
○表現活動の概要

　ピカソなど、キュビズムの画家たちの絵を鑑賞し、画家たちはどのような見方や考え方でそのような表現をしたかを考え話し合いをしていきます。

　次に、キュビズムの表現に対する見方、考え方、表現技法を示し、教室内にあるものから対象を選んで実験的に描いてみます。

　活動全体の内容は、キュビズム的な表現に対する見方や考え方と自分の表現に対する好みや考え方を鑑賞や表現を通して確認していくものです。授業内ではキュビズムの作品を完成させますが、表現することだけが目的ではありません。キュビズムの鑑賞や表現は、作品というものの見方や考え方、また自分の好みというものを自己確認する役割を果たすものです。

○表現・鑑賞内容とデザイン条件について

　ア）表現対象／主題（何を表現する）：対象は教室内にあるものから見つける。主題はキュビズムで捉えた表現そのもの。

　イ）表現材料／素材／造形要素（何で表現する）：八切画用紙、定規、水彩絵の具セット、画板、鑑賞資料作品（キュビズムの初期の作品、ピカソ、グリスなど）、表現資料。

　ウ）表現形式（どのように表現する）：平面、描画。

　エ）表現様式（どのように表現する）：キュビズム（立体様式）の捉え方を活用。

　オ）表現技法・用具／知識（どのように表現する）：キュビズムの表現技法、水彩絵の具の使い方。

　・授業では、「エ）表現様式」を「キュビズム」の枠をつくることで、見たものをそのままの形で描く（写し取る）のとは別の描き方があることに気づかせたい。

⑤その他のデザイン条件の設定について

・授業計画：6時間

　第1次：キュビズムの絵を見て話し合う。（25分）

　第2次：キュビズムは、どのような見方や考え方で描いたのか話しあう。（1時間）

　第3次：キュビズムの技法で試しに描いてみる。（4時間）

　第4次：小さな展覧会「こんなのができました」。（20分）

(3) 授業デザイン・授業分析表

題材名：ピカソのキュビズムってどんな絵？
　　　　―いろいろな視点から捉えた対象をひとつの画面に―　　【高学年・6時間】

① 授業課題／目標

◎授業課題
　絵は様々な考え方や方法で描くことができる。美術文化史的に抽象表現に進む、キュビズム（立体主義／様式）の考え方を知らせたい。

◎総括的な授業目標
　絵は描く対象を客観的、視覚的に捉えて描くだけではなく、主観的に描くこともできる。キュビズムは、対象を多角的な視点から捉え、1つの画面に再構成して表現した。そうしたキュビズムの造形的なものの見方や考え方を知り、その表現を思考、追究する。

◎観点別目標（興味・関心、発想・構想、創造的な技能、鑑賞）
　・キュビズムの造形的なものの見方や考え方を知り、その表現を楽しむ。
　・キュビズムの対象の捉えから、絵画表現に対する見方や考え方を広げる。
　・キュビズムの表現技法を試し、自分なりに対象を再構成して表現する。
　・キュビズムの絵画表現を知り、自分の好みや考え方を比較、確認する。

② デザイン方法

キュビズムの造形的なものの見方や考え方、表現技法を教えることを中心的な課題としており、授業デザイン方法としては「指導・示範型」になる。

③ 活動テーマ

「ピカソのキュビズムってどんな絵？」は、子どもに対する問いかけになっている。また冒頭に、子どもたちに名前や作品が知られている「ピカソ」を入れることで、まずピカソの表現を思い浮かべさせることができる。

④ 表現・鑑賞内容

◎表現活動の概要
　ピカソなど、キュビズムの画家たちの絵を鑑賞し、画家たちはどのような見方や考え方でそのような表現をしたか考えていく。キュビズムの表現に対する見方、考え方、表現技法を示し、教室内にあるものを、実際に示した技法を使って実験的に描いてみる。キュビズム的な表現に対する見方や考え方と自分の表現に対する好みや考え方を確認していく。

◎表現・鑑賞内容とデザイン条件
　ア）表現対象／主題(何を表現する)：対象は教室内にあるものから見つける。主題はキュビズムで捉えた表現そのもの。
　イ）表現材料／素材／造形要素(何で表現する)：八切画用紙、定規、水彩絵の具セット、画板、鑑賞資料作品(キュビズムの初期の作品、ピカソ、グリスなど)、表現資料。
　ウ）表現形式(どのように表現する)：平面、描画。
　エ）表現様式(どのように表現する)：キュビズム（立体様式）の捉え方を活用。
　オ）表現技法・用具／知識(どのように表現する)：キュビズムの表現技法、水彩絵の具の使い方。

⑤ その他のデザイン条件

・授業計画：6時間
　第1次：キュビズムの絵を見て話し合う。(25分)
　第2次：キュビズムは、どのような見方や考え方で描いたのか？(1時間)
　第3次：キュビズムの技法で試しに描いてみる。(3時間)
　第4次：小さな展覧会「こんなのができました」(20分)

指導・支援に関するポイント

・鑑賞資料作品（キュビズムの初期の作品、ピカソ、グリスなど）、表現資料を用意する。
・キュビズムの考え方も、様々にある絵画表現のひとつであることを伝えることが大切である。

ピカソ／オル・タ・デ・エブロの工場（1909年）
きっとこれが芸術なんだよ。

ピカソ／鳥かご（1923年）
適当に描いてるのかな？

（4）授業の展開

【第１次活動（25分）：キュビズムの絵を見て話し合う。】

○ピカソなどのキュビズムの画家の絵を見て、まずは好みや第一印象、どうしてこのような絵を描くのかなどの感想を出し合う。

【第２次活動（1時間）：キュビズムは、どのような見方や考え方で描いたのか話し合う。】

○絵は一般的に、ひとつの視点から見たものを描く。しかし、複数の視点から見たものを描くとどうなるか。

・ひとつのものを複数の視点から、何枚も描く。描いた数だけ、画面ができる。（図①②）
・複数の視点からひとつのものを捉え、１枚の画面に描いてみると？（図③）
・ひとつの視点から描いた絵よりも、複数の視点から捉えたものをひとつの画面に描いた絵の方が、多くの事実を伝えることができているのでは？

図① 魚を5つの視点から5枚の絵として描いた。ものは、いろいろな視点から捉えて、描くことができる。

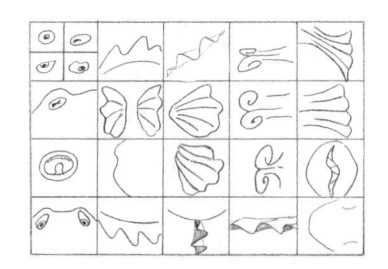

図② 魚を複数の視点から描いた。面白い、大切だと思う形をクローズアップして描く。

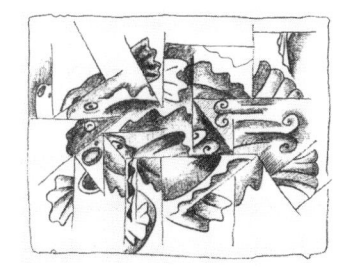

図③ 複数の視点から描いたものを再構成して一つの画面に描きこむと？（自分の感覚や考えを大切に）画用紙は、あらかじめ複数の画面に分割しておく。

いろいろな視点から顔を描いてみた。 　　　　　　　　　見た目と違う色にしてもいいね。

【第3次活動（4時間）：キュビズムの技法で試しに描いてみる。】
○教室にあるものや好きなものなど描きたいもの（表現対象）を決める。
○描く対象を複数の視点から捉え、面白い、大切だと思う部分を、クローズアップして画用紙に描いておく。（図②）
　《対象のどこに特徴があるか。面白いと思うか。興味をもった部分を描いておこう。》
○複数の紙が重なり合ったように、画用紙を分割しておく。
　《正しい分割の方法があるわけではありません。自分の感覚を大切に線を引きましょう。》
○分割した画用紙のなかに、対象の部分を描いていく。（図③）
　《全体のバランスを考えながら、様々な部分を組み合わせて描こう。》
○水彩で彩色する。

【第4次（20分）：小さな展覧会「こんなのができました」】
○キュビズムの見方や考え方で描いたそれぞれの表現を鑑賞する。
　・表現様式（今回はキュビズム）を、自分自身の感じ方や見方、考え方として取り入れて表現できたか。好き、嫌い、面白いなど、各自の考え方を確認し整理する。

好きなものをいろいろ描いたよ。 　　私のキュービズム、こんな表現になりました。 　　これは友達の顔です。

2-ォ 「表現技法・用具／知識」を活動テーマにした授業デザイン
ⅰ 活動のテーマ：点と線を生かした表現技法
(1) 題材名：小さくなって不思議な世界にもぐり込む！
　　　　　　－点や線の特徴を生かして－　　【中学年・4時間】
(2) 授業デザイン
①「授業課題／目標」の設定について
◎「授業課題」
　形態としての点、線の表情や描画表現としての特徴に興味や関心をもたせ、それらを生かした描画表現の技術を養いたい。また、日常風景のなかでものの大小を逆転させて表現する造形的な発想の方法を思考させる。
◎**総括的な授業目標**
　点や直線、曲線の表情、それらの組み合わせや細部表現の可能性など、点や線を使った描画表現の特徴を知る。「小さくなって不思議な世界にもぐり込む！」を描画表現で描くことで、その技術と造形感覚を養う。
○**観点別目標**（興味・関心、発想・構想、創造的な技能、鑑賞）
・点や直線、曲線を使った描画表現の特徴に気づき、興味や関心をもつ。
・点や線の特徴やもの大小が逆転した表現の可能性から想像を広げ、自らの表現主題
　（テーマ）や描画技法を思いつく。
・点や直線、曲線を使った描画表現やもの大小を逆転させる表現の技術を養う。
・点や線を生かした表現やもの大小が逆転した描画表現の特徴や面白さに気づく。
②**授業デザイン方法の選択について**
　この「授業課題／目標」は、造形要素としての「点と線」の描画表現の特徴を知らせるとともに、造形発想の方法として「物の大小を逆転させる表現」の技術を身につけさせることにあります。
　そこで、子どもに目標としての情報を伝えることを第一義としてとらえ、主として「示範型」の授業デザイン方法を選択しました。また、表現対象、主題を捉える条件として「小さくなって不思議な世界にもぐり込む！」の範囲で表現の自由を与えました。
③**活動テーマの設定（題材名）について**
　活動テーマは、点や線を使った表現技術に着目したサブタイトル「－点や線の特徴を生かして－」と、表現対象、主題を発想するための手立てに着目した題材名「小さくなって不思議な世界にもぐり込む！」の双方から表現を追究するように設定しました。表現技術だけでは、また発想方法だけでは、表現を追究できないのです。両者は車輪の両輪として働いているということです。

④　表現・鑑賞内容について
○表現活動の概要
　サブタイトル「－点や線を生かして－」について、点や線の表現にはどのようなものがあり、また表情としてどのような特徴があるか、資料を見せて確認します。どれが正しい表現であるかではなく、自分としてはどのように感じ、どのような点や線の表情や表現が好みであるかなどを考えさせます。
　次に、題材名「小さくなって不思議な世界にもぐり込む！」について、説明します。
　つまり、日常的な情景の中で、ものの大小を逆さまにすると、どのような感じになるか。その非日常的なものの捉え方で表現対象を捉えて描くことの不思議さを伝えます。
　具体的には、自分自身が小さく小さくなって、ものや情景を捉えるとどのような世界が表れるかを考え、話し合います。大小逆転や組み合わせのギャップが大きいほど、不思議な世界が表れることに気づかせていきます。
　自分の表現対象や主題が決まったら、点や線だけを使い、十六切の画用紙に鉛筆で描いていきます。ここでは大きな画面に描くより、むしろ細部にこだわって欲しいからです。鉛筆による点や線の表現は、細部まで表現しやすいことに気づかせます。そして、点の集合や直線、曲線、点や線の組み合わせなど、資料などを参考に各自の表現対象や主題を深めさせていきます。原則として彩色はしません。

○表現・鑑賞内容とデザイン条件について
　ア）表現対象／主題（何を表現する）：活動テーマであり、表現対象である「小さくなって不思議な世界にもぐり込む！」からイメージを広げ、どのような「不思議な世界」を表現するか、各自が表現対象や主題を選択、決定、追究する。
　イ）表現材料／素材／造形要素（何で表現する）：十六切の画用紙に鉛筆で表現する。
　ウ）表現形式（どのように表現する）：平面、絵画表現。
　エ）表現様式（どのように表現する）：具象的表現（シュルレアリスム的様式）。
　オ）表現技法・用具／知識（どのように表現する）：点、線による鉛筆描画技法、細密画的技法。

⑤**その他のデザイン条件の設定について**
・授業計画：4時間
　第1次：点や線の表現について考える。（15分）
　第2次：「小さくなって不思議な世界にもぐり込む！」から、大小が逆転した表現の可
　　　　　能性について話し合い、各自のテーマを決める。（15分）
　第3次：各自のテーマに合わせて描画表現を追究する。（3時間）
　第4次：題名をつけ、小さな展覧会をする。（15分）
・図画用鉛筆（2B～4B程度）で表現し、彩色は行わない。
・点や線による細部までこだわった表現を追究させる。

(3) 授業デザイン・授業分析表

題材名：小さくなって不思議な世界にもぐり込む！
　　　　－点や線の特徴を生かして－　　【中学年・4時間】

① 授業課題／目標

◎授業課題
　形態としての点、線の表情や描画表現としての特徴に興味や関心をもたせ、それらを生かした描画表現の技術を養いたい。また、日常風景のなかでものの大小を逆転させて表現する造形的な発想の方法を思考させる。

◎総括的な授業目標
　点や直線、曲線の表情、それらの組み合わせや細部表現の可能性など、点や線を使った描画表現の特徴を知る。「小さくなって不思議な世界にもぐり込む！」を描画表現で描くことで、その技術と造形感覚を養う。

◯観点別目標（興味・関心、発想・構想、創造的な技能、鑑賞）
・点や直線、曲線を使った描画表現の特徴に気づき、興味や関心をもつ。
・点や線の特徴やものの大小が逆転した表現の可能性から想像を広げ、自らの表現主題（テーマ）や描画技法を思いつく。
・点や直線、曲線を使った描画表現やものの大小を逆転させる表現の技術を養う。
・点や線を生かした表現やものの大小が逆転した描画表現の特徴や面白さに気づく。

② デザイン方法

子どもに指導目標の情報を伝えることを第一義としてとらえ、主として「示範型」の授業デザイン方法を選択した。また、表現対象、主題を捉える条件として「小さくなって不思議な世界にもぐり込む！」の範囲で表現の自由を与えた。

③ 活動テーマ

鉛筆を使い、点と線を生かした表現技法を活用しながら「小さくなって不思議な世界にもぐり込む！」を表現対象に絵画表現する。

④ 表現・鑑賞内容

◯表現活動の概要
　点や線の表現にはどのようなものがあり、また表情としてどのような特徴があるかなどを考えさせる。次に、日常的な情景の中で、ものの大小を逆さまにすると、どのような感じになるか。その非日常的なものの捉え方で表現対象を捉えて描くことの不思議さを伝える。表現対象や主題が決まったら、点や線だけを使い、十六切の画用紙に鉛筆で描いていく。鉛筆による点や線の表現は、細部まで表現しやすいことに気づかせる。彩色はしない。

◯表現・鑑賞内容とデザイン条件
ア）表現対象／主題（何を表現する）：活動テーマであり、表現対象である「小さくなって不思議な世界にもぐり込む！」からイメージを広げ、どのような「不思議な世界」を表現するか、各自が表現対象や主題を選択、決定、追究する。
イ）表現材料／素材／造形要素（何で表現する）：十六切の画用紙に鉛筆で表現する。
ウ）表現形式（どのように表現する）：平面、絵画表現。
エ）表現様式（どのように表現する）：具象的表現、（シュルレアリスム的様式）。
オ）表現技法・用具／知識（どのように表現する）：点、線による描画技法、細密画的技法。

⑤ その他のデザイン条件

・授業計画：4時間
　第1次：点や線の表現について考える（15分）
　第2次：「小さくなって不思議な世界にもぐり込む！」から、大小が逆転した表現の可能性について話し合い、各自のテーマを決める。（15分）
　第3次：各自のテーマに合わせて描画表現を追究する。（3時間）
　第4次：題名をつけ、小さな展覧会をする。（15分）
・図画用鉛筆（2B～4B程度）で表現し、彩色は行わない。
・点や線による細部までこだわった表現を追究させる。

指導・支援に関するポイント

・点や線の表現資料を提示する。
・点や線の特徴や表現について十分に話し合う。
・「小さくなって不思議な世界にもぐり込む！」について、表現対象としての意味と考え方について十分に話し合う。

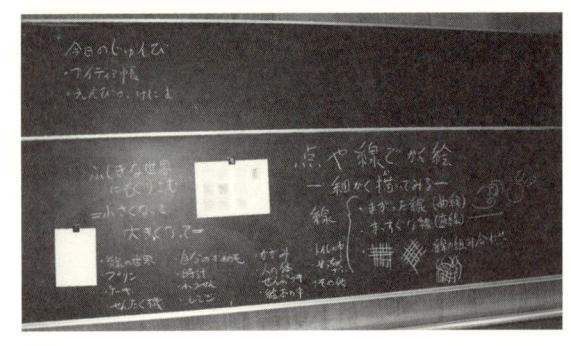

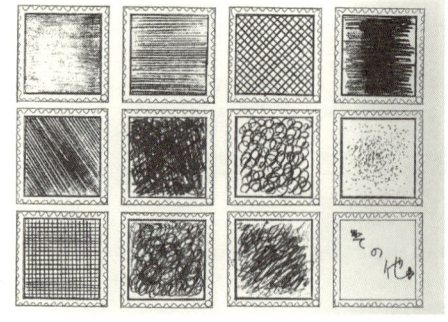

板書　　　　　　　　　　　　　　　　　　　資料　点や線のいろいろ

(4) 授業の展開

【第1次活動（15分）：点や線の表現について考える。】

○点や線の特徴を考える。

　《点や線の特徴を描いた資料を見せ、どのように感じ、どのような点や線の表情や表現が好みか、について問いかける。》

　・点や線、直線や曲線にはどんな特徴や表情があるだろうか？
　・どんな線が気に入ったか、どんな線を描いてみたいか？
　・点や線をどのように組み合わせると楽しいだろうか？

　《正しい表現であるかどうかは関係なく、自分の考えや感覚を大切にしよう。》

【第2次活動（15分）：「小さくなって不思議な世界にもぐり込む！」から、大小が逆転した表現の可能性について話し合い、各自のテーマを決める。】

○表現対象（モチーフ）、「小さくなって不思議な世界にもぐり込む！」について話し合う。

　《日常的な情景の中で、物の大小を逆さまにすると、どのような感じになるか考えてみよう。》

　・非日常的なものの捉え方で表現対象を捉えて描くことの不思議さを伝える。

　《小さくなれば、いろいろなところにもぐり込める。どこにもぐり込んだら楽しいだろう？》

細かいところまで描くぞ！　　　　　大好きなスパゲティの中にもぐりこんだらどうなるかな？

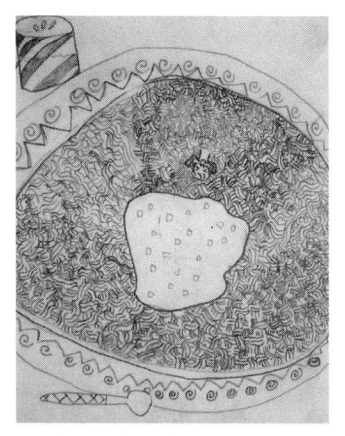

スパゲティの中にもぐりこむ。 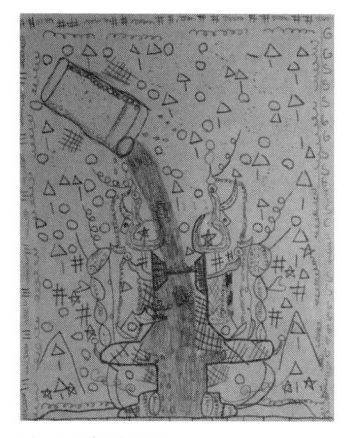　　　ビールの中に溺れた。 　　　冷蔵庫の中に入ったら。

【第3次活動 (3時間)：各自のテーマに合わせて描画表現を追究する。】
○どんなところにもぐり込むか、自分のテーマを決める。
　・現実にありえない状況を表現対象や主題にすると楽しい。
　《話し合いの中で出たみんなの意見を参考にして表現対象や主題を決めよう。》
○点や線、直線や曲線を生かし、組み合わせて細かいところまで描く。
　・スパゲティは曲線で細かく描いてみよう。
　・ビールの泡は丸い曲線、クルクル線は泡がはじけている。直線で描いた三角の泡もある。
　・冷蔵庫の中は寒いけど、楽しいものがいっぱい詰まっている。

【第4次活動 (15分)：題名をつけ、小さな展覧会をする。】
○点や線の特徴を生かして表現しているか。
○小さくなって、どんなことろにもぐり込んだかもぐり込んだか。楽しい表現になったか。
　《点や線の感じが上手に表現できたかな？》
　《面白いところにもぐり込めたかな？》

原子核の中に入ったら大変、分裂だ！！ 　　　雨粒の中は、かわいい世界。 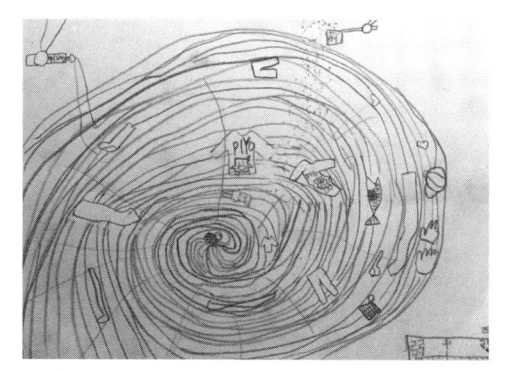　　　洗濯機の中は、ぐるぐるぐるぐる目が回る。

2-ｵ 「表現技法・用具／知識」を活動テーマにした授業デザイン

ⅱ 活動のテーマ：ひもや紙を折る、丸める、巻く、編などの表現技法

(1) 活動名：ひもと紙、線と面の物語
　　　　　　　－折る、丸める、巻く、編む、線と面を組み合わせて－　【高学年・4時間】

(2) 授業デザイン

①「授業課題／目標」の設定について

◎「授業課題」

　ひもや紙を結ぶ、つなぐ、巻く、編む、折る、丸める、立てるなど、様々な表現材料や技法を関係的に捉え、自主的、主体的、創造的に表現対象や主題、材料や技法を思考、選択、決定しながら自らの表現を追究する能力を培いたい。

◎総括的な授業目標

　素材としてのひもや紙の特徴を生かし、それらを結ぶ、つなぐ、巻く、編む、折る、丸める、立てるなど、様々な表現技法を組み合わせ、表現対象や主題、材料や技法などを自ら選んだり決めたり、試行錯誤を繰り返したりしながら立体的な造形表現を追究する。

○観点別目標（興味・関心、発想・構想、創造的な技能、鑑賞）

・ひもと紙の特徴を生かし、それらを組み合わせて立体的に表現する活動に積極的に取り組む。
・ひもと紙を結ぶ、つなぐ、巻く、編む、折る、丸める、立てるなどから、自らの表現対象や主題を思いつく。
・ひもと紙を結ぶ、つなぐ、巻く、編む、折る、丸める、立てるなど、自らの立体表現に合わせた技法を使ったり見つけたりすることができる。
・ひもと紙の特徴を生かした立体表現の良さや特徴に気づく。

②授業デザイン方法の選択（指導型・示範型／課題追究型等）について

　この授業では、ひもと紙を結ぶ、つなぐ、巻く、編む、折る、丸める、立てるなどの表現技法を経験させながら、自らの表現対象や主題、表現技法を関係的に捉え、自主的、主体的に立体表現を追究する能力を培うことを中心的な課題としました。

　そこで、ひもと紙を扱う表現技法を活動のテーマに、表現したい対象や主題、材料、技法を選択、決定、追究するなど、試行錯誤を促す場として「課題追究型」の授業デザイン方法を取り入れました。

③活動テーマの設定（活動名）について

　活動名「ひもと紙、線と面の物語」の「ひもと紙」は使用する中心的な材料であり、「線と面」は、それらが包含する造形的な要素です。つまり、この活動は、造形要素としての線と面を使い、「物語」を紡ぐように表現していくことを示唆するように設定しています。

　また、サブタイトル「－折る、丸める、巻く、編む、線と面を組み合わせて－」は、ひ

もと紙を組み合わせたり、装飾したりするための表現技法を示していることは言うまでもありません。もちろん、それ以外の技法を積極的に見つけたり使ったりすることの意義も伝えることが大切です。

④**表現・鑑賞内容について**

○**表現活動の概要**

はじめに、活動名やサブタイトルを使い、材料としての「ひもと紙」、造形要素としての「線と面」、それらを組み合わせるための「表現技法」とを考え合わせ、立体的な表現としての可能性を話し合います。はじめから表現対象や課題を決めさせる必要はありません。むしろ、活動全体を通して表現対象や課題を見つけさせる方が自然でしょう。様々な技法を試させながら様々につくった部分をひとつの立体表現として組み合わせ、まとめさせていきます。

小さな展覧会を行い、ひもと紙の特徴を生かした立体表現のよさや特徴に気づかせていきます。

○**表現・鑑賞内容とデザイン条件について**

ア）表現対象／主題（何を表現する）：ひもと紙を使った立体表現として、各自が表現対象や主題を選択、決定、追究する。

イ）表現材料／素材／造形要素（何で表現する）：ひもと紙を中心的な材料として使う。その他の材料は原則として使わない。厚紙（カラークラフト紙）等の紙類、ひも類（麻ひも、毛糸、リボン等）、接着剤、その他。

ウ）表現形式（どのように表現する）：半立体、立体的に表現する。

エ）表現様式（どのように表現する）：抽象的に表現する。

オ）表現技法・用具／知識（どのように表現する）：ひもや紙を結ぶ、つなぐ、巻く、編む、折る、丸める、立てるなどの表現技法を使ったり、新たな技法を見つけたりする。カッターナイフ、カッターマット、はさみ、その他。

⑤**その他のデザイン条件の設定について**

・授業計画：4時間

第1次：ひもと紙を使った立体表現の可能性について話し合い、各自、表現のおよその方向性を決める。（20分）

第2次：各自の表現のテーマを見つけながら、自らの立体表現を追究する。（3時間10分）

第3次：題名をつけ、小さな展覧会をする。（15分）

・個人制作とする。

・基本的な材料として厚紙（カラークラフト紙）と色画用紙、ひも類（麻ひも、毛糸）、接着剤は授業者が用意する。その他の紙類、ひも類は子どもが必要に応じて各自用意する。

(3) 授業デザイン・授業分析表

活動名：「ひもと紙、線と面の物語」
－折る、丸める、巻く、編む、線と面を組み合わせて－　【高学年・4時間】

① 授業課題／目標

◎授業課題
　ひもや紙を結ぶ、つなぐ、巻く、編む、折る、丸める、立てるなど、様々な表現材料や技法を関係的に捉え、自主的、主体的、創造的に表現対象や主題、材料や技法を思考、選択、決定しながら自らの表現を追究する能力を培いたい。

◎総括的な授業目標
　材料としてのひもや紙の特徴を生かし、それらを結ぶ、つなぐ、巻く、編む、折る、丸める、立てるなど、様々な表現技法を組み合わせ、表現対象や主題、材料や技法を自ら選んだり決めたり、試行錯誤を繰り返したりしながら立体的な造形表現を追究する。

◎観点別目標（興味・関心、発想・構想、創造的な技能、鑑賞）
・ひもと紙の特徴を生かし、それらを組み合わせて立体的に表現する活動に積極的に取り組む。
・ひもと紙を結ぶ、つなぐ、巻く、編む、折る、丸める、立てるなどから、自らの表現対象や主題を思いつく。
・ひもと紙を結ぶ、つなぐ、巻く、編む、折る、丸める、立てるなど、自らの立体表現に合わせた技法を使ったり見つけたりすることができる。
・ひもと紙の特徴を生かした立体表現の良さや特徴に気づく。

② デザイン方法

ひもと紙を扱う表現技法を活動のテーマ（契機）に、表現したい対象や主題、材料、技法を選択、決定、追究するなど、試行錯誤を促す場として「課題追究型」の授業デザイン方法を取り入れた。

③ 活動テーマ

活動名「ひもと紙、線と面の物語」の「ひもと紙」は使用する中心的な材料であり、「線と面」は、それらが包含する造形的な要素である。この活動は、造形要素としての線と面を使い、「物語」を紡ぐように表現していく活動である。

④ 表現・鑑賞内容

○表現活動の概要
　はじめに、活動名やサブタイトルを使い、材料としての「ひもと紙」、造形要素としての「線と面」、それらを組み合わせるための「表現技法」とを考え合わせ、立体的な表現としての可能性を話し合う。様々な技法を試させながら様々につくった部分をひとつの立体表現として組み合わせ、まとめさせていく。活動のまとめに、小さな展覧会を行い、ひもと紙の特徴を生かした立体表現のよさや特徴に気づかせていく。

○表現・鑑賞内容とデザイン条件
ア) 表現対象／主題（何を表現する）：ひもと紙を中心的な材料として使う。他の材料は原則として使わない。ひもと紙を使った立体表現として、各自が表現対象や主題を決める。
イ) 表現材料／素材／造形要素（何で表現する）：厚紙（カラークラフト紙）等の紙類、ひも類（麻ひも、毛糸、リボン等）、接着剤、その他。
ウ) 表現形式（どのように表現する）：半立体、立体的に表現する。
エ) 表現様式（どのように表現する）：抽象的に表現する。
オ) 表現技法・用具／知識（どのように表現する）：ひもや紙を結ぶ、つなぐ、巻く、編む、折る、丸める、立てるなどの表現技法を使ったり、新たな技法を見つけたりする。カッターナイフ、カッターマット、はさみ、その他。

⑤ その他のデザイン条件

・授業計画：4時間
　第1次：ひもと紙を使った立体表現の可能性について話し合い、各自、表現のおよその方向性を決める。(20分)
　第2次：各自の表現のテーマを見つけながら、自らの立体表現を追究する。(3時間10分)
　第3次：題名をつけ、小さな展覧会をする。(15分)
・基本的な材料として厚紙（カラークラフト紙）と色画用紙、ひも類（麻ひも、毛糸）、接着剤は授業者が用意する。その他の紙類、ひも類は子どもが必要に応じて各自用意する。

指導・支援に関するポイント

・この立体表現に正しい方法があるわけではない。各自の考えや方法、造形感覚などを生かし、相互に認め合い、励まし合って自由に表現することを楽しむような物理的、精神的授業環境の設定が大切である。

紙に穴を開け、ひもを結ぶ。 　　　　紙を丸めてひもで結んで立てる。 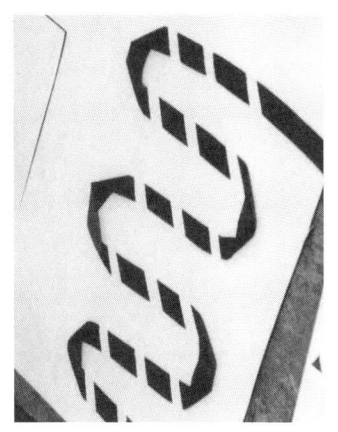　　紙に切り込みを入れてひも(リボン)で編む。

(4) 授業の展開

【第1次活動(20分)：ひもと紙を使った立体表現の可能性について話し合い、各自、表現のおよその方向性を決める。】

○材料としての「ひもと紙」、造形要素としての「線と面」、ひもや紙を使った「表現技法」として、結ぶ、つなぐ、巻く、編む、折る、丸める、立てるなどについて考える。
　・どのようなことを試してみたいか、表現の可能性と自らの方向性を確かめる。

【第2次活動(3時間10分)：各自の表現対象や主題を見つけながら、自らの立体表現を追究する。】

○ひもと紙を結ぶ、つなぐ、巻く、編む、折る、丸める、立てるなどの表現技法を自ら思いつき表現を追究する。
　《はじめから表現対象や主題を決めさせる必要はない。活動全体を通してどのような表現見つけさせるようにする。》
　・様々な表現を試したり、新たな表現対象や主題、技法を見つけたりする。

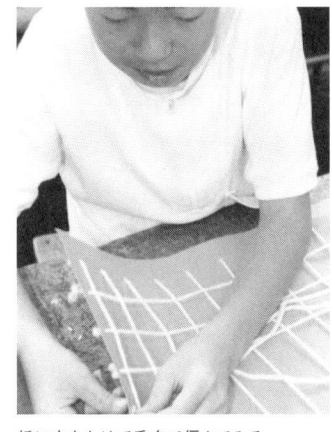

紙に穴をあけて毛糸で編んでみる。 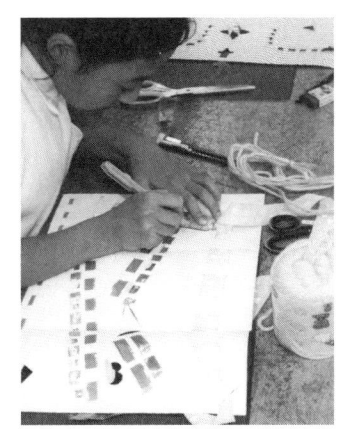　　紙にカッターナイフで切り込みを入れながらひもで編んでみた。 　　ひもをきれいに結んで飾りにしてみた。

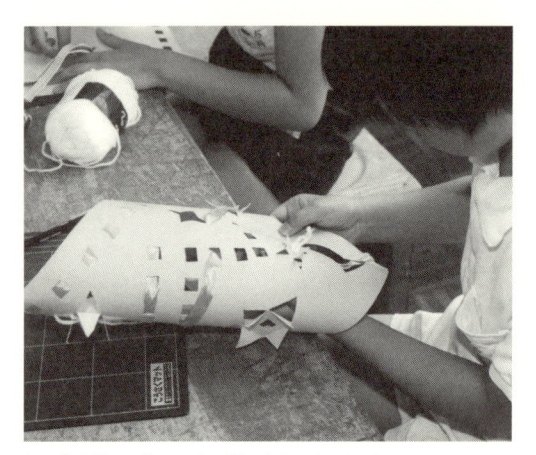

紙に窓を開けて丸め、窓の開け方を工夫しました。 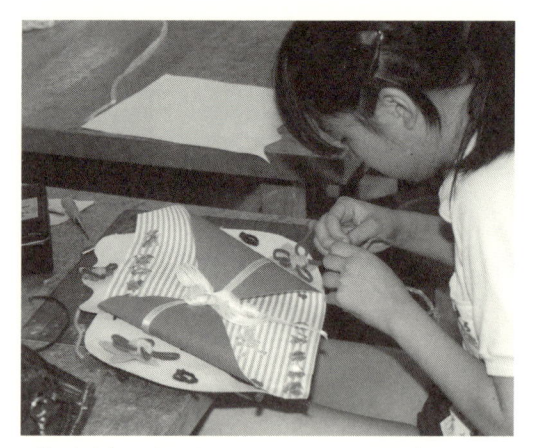　　　　２枚の紙を丸めて組み合わせ、きれいにリボンで結びつけました。

○様々に表現した部分をひとつの立体表現として組み合わせる。
　《いくつかの表現を試みるなかで、各自が表現したい主題をまとめるように促す。》
　《表現様式として抽象的でも具象的でもよいこと、また立体表現として、置く、吊るす、
　　壁にかけるなどの表現が可能であることに気づかせる。》
　・ひもと紙を結ぶ、つなぐ、巻く、編む、折る、丸める、立てる等しながら、立体表現
　　として、自分が納得できる形や色の組み合わせを追究する。
　・友達の表現を参考にしたり、利用したりしてみる。
【第３次活動 (15分)：題名をつけ、小さな展覧会をする。】
○完成作品を机の上に置き、みんなで鑑賞し合う。
　・ひもと紙の特徴を生かした立体表現のよさや特徴を見つけ、意見を発表する。

リボンの飾りがかわいいでしょう。吊せるようにもしてみたよ。（右上写真の完成作品） 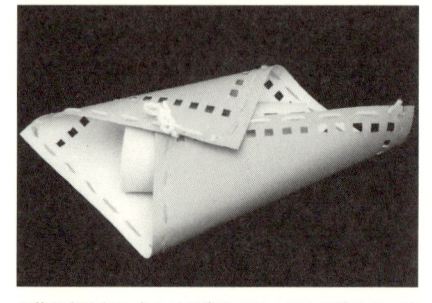　　２枚の紙を組み合わせて巻きつけ、ひもで結んだ。四角い窓を並べて切り抜いた。 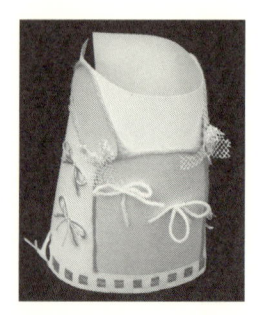　　紙を筒型に丸めて立てた。色の違う紙を飾りに貼ってみた。

3 授業課題／目標を捉えて行う授業デザイン

1.「造形表現活動の快さや楽しさを経験し、心を開く」を授業課題とした授業デザイン

(1) 題材名：好きな色、心の色で描きたい！
　　　　　－絵の具を思いのままに塗る快さを楽しみながら－　【2年・2時間】

(2) 授業デザイン

① 「授業課題／目標」の設定について

◎「授業課題」

　水彩絵の具で自分の好きな色を抽象的に塗ることを通し、描くことの快さや楽しさを十分に経験させる。造形的に表現することは、心を開いて自らを表出し、快さや楽しさを他に伝えていくことであるとする考え方を知らせたい。

◎総括的な授業目標

　水彩絵の具で抽象的に塗る快さや楽しさを知ることによって、造形的に表現することは、心を開いて自らを表出、表現し、自らを他に伝えていくことであることに気づく。

○観点別目標（興味・関心、発想・構想、創造的な技能、鑑賞）

・水彩絵の具を自由に塗り、心を開いて描くことの快さと楽しさを味わう。
・好きな色や色の組み合わせなど、自らの好みを見つけながら想像を広げる。
・色や色の組み合わせ、筆跡による形の違いなど、自らの好みの抽象表現や表現技法を追究する。
・色や色の組み合わせ、筆跡による形の違いなど、それぞれの抽象表現のよさや特徴に気づく。

②授業デザイン方法の選択について

　この授業課題は、心を開いて表現することの快さや楽しさを十分に経験させることであるので、授業デザイン方法は単純です。子どもは造形感覚や思考を働かせ、各自の表現主題（テーマ）を見つけながら表現を追究することになりますが、その他の活動内容の選択肢はありません。つまり、この授業は、水彩絵の具を使い、紙に抽象的に絵画表現をする「指導・示範型」の授業デザイン方法となります。

③活動テーマの設定（活動名）について

　題材名「好きな色、心の色で描きたい！」は、好きな色を使って自由に、心のままに描くことは、「各自の造形感覚や描く心を大切にすることである」とのメッセージとなっています。

サブタイトル「－絵の具を思いのままに塗る快さを楽しみながら－」は、絵の具を筆で自由に塗る快さを味わうことの大切さを伝えています。ここで低学年の授業であるので、抽象表現については述べていませんが、「心の色」や「思いのままに」など、間接的な言葉を使って表現しました。授業の中で具体的に補足することになります。

④**表現・鑑賞内容について**

○**表現活動の概要**

　白い壁に思い切り好きな色を塗ってみたいと思ったことが、誰にでもあるのではないだろうか。様々な煩わしさから解放されて心がすっきりするのである。こうした表現することの快さが、この活動の原点である。

　自分の造形感覚や感性を大切に、色彩のニュアンスや形態、バランスを意識しながら好きな色で抽象的に描いていく。

　大きな画面を使い、校庭など外で描くことにする。用紙は壁にガムテープで止める。思い切り、自由な雰囲気で描かせたいのである。

○**表現・鑑賞内容とデザイン条件について**

　ア）表現対象／主題（何を表現する）：対象は抽象的に表現すること。主題は、色と色の組み合わせ、筆跡の違いによる形の組み合わせなど、各自の「好きな感じ」を見つけながら描くことである。

　イ）表現材料／素材／造形要素（何で表現する）：水彩絵の具で全紙、あるいは二切の大きさに描く。

　ウ）表現形式（どのように表現する）：絵画、平面表現。

　エ）表現様式（どのように表現する）：抽象的な表現。

　オ）表現技法・用具／知識（どのように表現する）：水彩絵の具による抽象的な表現技法。

⑤　**その他のデザイン条件の設定について**

・授業計画：2時間

　第1次：好きな色で抽象的に描くことの方法と意味を考える。（20分）

　第2次：各自の抽象表現を追究する。（1時間10分）

　第3次：小さな展覧会をする。（15分）

・用紙は伸び伸びと描くことができるように、全紙、あるいは二切用紙、模造紙の大きなものを使う。1人に複数枚用意しておき、必要であれば複数枚描く。

・水彩絵の具は、学級用、共同制作用などの大型絵の具セットを用意する。また、必要に応じて刷毛なども学級で用意する。児童各自の絵の具セットも使う。

・描く場所にもよるが、用紙は四隅を壁にガムテープで止める。

(3) 授業デザイン・授業分析表

題材名：好きな色、心の色で描きたい！
　　　　－絵の具を思いのままに塗る快さを楽しみながら－　　【2年・2時間】

① 授業課題／目標

◎ 授業課題
　水彩絵の具で自分の好きな色を抽象的に塗ることを通し、描くことの快さや楽しさを十分に経験させる。造形的に表現することは、心を開いて自らを表出し、快さや楽しさを他に伝えていくことであるとする考え方を知らせたい。

◎ 総括的な授業目標
　水彩絵の具で抽象的に塗る快さや楽しさを知ることから、造形的に表現することは、心を開いて自らを表出、表現し、自らを他に伝えていくことであることに気づく。

○ 観点別目標（興味・関心、発想・構想、創造的な技能、鑑賞）
・水彩絵の具を自由に塗り、心を開いて描くことの快さと楽しさを味わう。
・好きな色や色の組み合わせなど、自らの好みを見つけながら想像を広げる。
・色や色の組み合わせ、筆跡による形の違いなど、自らの好みの抽象表現や表現技法を追究する。
・色や色の組み合わせ、筆跡による形の違いなど、各自それぞれの抽象表現のよさや特徴に気づく。

② デザイン方法

造形感覚や思考などをはたらかせ、各自の表現主題（テーマ）を見つけながら表現を追究することになるが、その他の活動内容の選択肢はない。つまり、この授業は、水彩絵の具を使い、紙に抽象的に絵画表現をする指導型の授業デザイン方法である。

③ 活動テーマ

「好きな色、心の色で描きたい！」は、好きな色を使って自由に、心のままに描くことは、「各自の造形感覚や描く心を大切にすることである。」とのメッセージとなっている。

④ 表現・鑑賞内容

○ 表現活動の概要
　白い壁に思い切り好きな色を塗ってみたいと思ったことが、だれでもあるのではないだろうか。様々な煩わしさから解放されて心がすっきりするのである。こうした表現することの快さが、この活動の原点である。
　自分の造形感覚や感性を大切に、色彩のニュアンスや形態、バランスを意識しながら好きな色で抽象的に描いていく。
　大きな画面を使い、校庭など外で描くことにする。用紙は壁にガムテープで止め、思い切り、自由な雰囲気で描かせる。

○ 表現・鑑賞内容とデザイン条件の設定
ア）表現対象／主題（何を表現する）：対象は抽象的に表現すること。主題は、色と色の組み合わせ、筆跡の違いによる形の組み合わせなど、各自の「好きな感じ」を見つけながら描くことである。
イ）表現材料／素材／造形要素（何で表現する）：水彩絵の具で全紙、あるいは二切の大きさに描く。
ウ）表現形式（どのように表現する）：絵画、平面表現。
エ）表現様式（どのように表現する）：抽象的な表現。
オ）表現技法・用具／知識（どのように表現する）：水彩絵の具による抽象的な表現技法。

⑤ その他のデザイン条件

・授業計画：2時間
　第1次：好きな色で抽象的に描くことの方法と意味を考える。(20分)
　第2次：各自の抽象表現を追究する。(1時間10分)
　第3次：小さな展覧会をする。(15分)
・用紙は伸び伸びと描くことができるように、全紙、あるいは二切用紙、模造紙等の大きなものを使う。1人に複数枚用意しておき、必要であれば複数枚描く。
・水彩絵の具は、学級用、共同制作用などの大型絵の具セットを用意する。また、必要に応じて刷毛なども学級で用意する。児童各自の絵の具セットも使う。
・描く場所にもよるが、用紙は四隅を壁にガムテープで止めた。

指導・支援に関するポイント

・表現は自分自身を表現するためのものであることや抽象的に表現することの意味を十分に知らせる。

紙がはがれないように壁にガムテープでしっかりと止めよう。 　　　何色で描こうかな？　どこに描こうかな？　どの筆で描こうかな？

(4) 授業の展開

【第1次活動 (20分)：好きな色で抽象的に描くことの方法と意味を考える。】

○好きな場所に紙を貼り、描く準備をする。

・模造紙の四隅をガムテープで壁に止める。

《1枚を描きあげたら、時間内で2枚目を与えることもする。作品は絵の具が乾くまではがさずに残しておくことになる。個人持ちの水彩絵の具セットでは絵の具が不足するので、クラス用の大型絵の具も子どもたちに使わせる。》

○色を楽しみながら抽象的に描くことの意味や方法を話し合う。

《一般的に子どもは色を塗って抽象的に描き、楽しむ習慣がない。絵を描くことは、ものの形や色を写すことと考えているのである。そこで、好きな色を塗って楽しむ抽象的な絵もあることを伝える。》

《抽象的に描くことを、目茶苦茶に描いてもよいと勘違いする子がいる。そこで、簡単に授業者が筆で描きながら、自分の好みの感じや感覚を働かせ、慎重に描くことが大切であることを示す。》

各自、好きな色や色の組み合わせ、筆跡の感じを考え、思いのままに描いていく。

点を描いてみようかな？　クルクル線で描こうかな？　どんな色の組み合わせにしようかな？
太い刷毛を使ったら、どんな感じになるのかな？

【第2次活動(1時間10分)：各自の抽象表現を追究する。】

○好きな色をパレットに出して描く。

　《一番好きな色を選び、パレットの大きな部屋に絵の具を十分に出す。神経質にならないように、はじめは太い筆を使い、絵の具をたっぷりと使わせたい。》

- ・必ず好きな色を使う。　・塗りはじめたいところを見極めてから描く。
- ・色を塗る形や大きさ、範囲などにこだわる。
- ・気に入った筆の跡や絵の具の濃淡に注目する。

　《次に、二番目、三番目と、好きな色を描き足していく。隣の色との関係に注目させる。》

○好きな色を混色して描く。

　《混色して好きな色をつくって描くことで、色に対する関心を高める。オリジナルな色使いや表現ができるよう励ましていくが、混色は2色以内とし、ここでは無意味な混色は避けるようにする。》

【第3次活動(15分)：小さな展覧会をする。】

○自分が好きな「自分らしい」表現、友達の「その子らしい」表現を見つけ、それぞれのよさとして認めていく。

丸や三角、四角で描いてみたよ。 　　不思議な形、気持ちよく描けたよ。 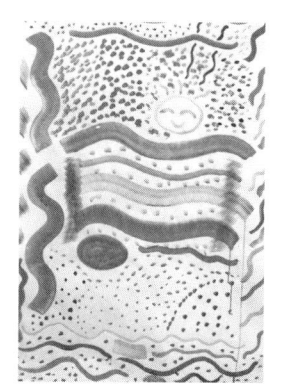　　点がいっぱい、太いクネクネ線もきれいでしょ。

2.「造形表現活動を通して相互理解、人間理解を図る」を授業課題とした授業デザイン

(1) 活動名：これが私です、みてください！
　　　　　　－薄紙(ティッシュ)を使った自己紹介－　【5年・2時間】

(2) 授業デザイン

①「授業課題／目標」の設定について

◎「授業課題」

　薄紙（ティッシュ）で自分を表現した作品を使って自己紹介する活動を通し、造形表現とは自らを表現する自己表現活動であることを知るとともに、それぞれの自己表現が、各自の「自分らしさ」を見つけたり気づいたりすることにつながることを知らせたい。

◎総括的な授業目標

　自分自身をテーマ（表現対象・主題）に、薄紙（ティッシュ）を中心的な材料に使った造形表現活動を楽しみながら、自分を造形的に表現することの意味や価値に気づく。また、表現に対する見方や考え方、感じ方で薄紙を使った表現に違いが生まれ、それこそが各自のよさや「自分らしさ」であることを知る。

○観点別目標（興味・関心、発想・構想、創造的な技能、鑑賞）

・薄紙を使った表現や自分自身を造形的に表現することの楽しさを知って積極的に関わるとともに、そうした造形表現活動に興味や関心をもつ。

・薄紙の色や形、材質などの特徴を生かし、各自が思いついたり試してみたりするなどの行為を通し、自分らしい表現を思いつく。

・薄紙を折る、丸める、開く、しわをつける、切る、破く、重ねて貼る、ひもにする、ひねる、編む、包む、覆う、材料を変える、描くなどの方法に気づいたり試したりするなどしながら、自分を抽象的に表現しようとする。

・薄紙を使った自分の表現は、造形的なものの見方や考え方、感じ方でそれぞれ違った表現となり、それが各自の大切な個性であることに気づく。

②授業デザイン方法の選択（指導型・示範型／課題追究型等）**について**

　この活動では、子どもに造形的に表現することの意味を問いながら、自分と表現、表現技法との関係に気づかせていくことが大切です。

　そこで、自分自身をテーマ（表現対象・主題）に、薄紙を主材料にして様々な表現形式や技法を選択、発見、工夫などしながら、各自の造形表現を追究させていく「課題追究型」の授業デザイン方法を取り入れました。

③活動テーマの設定（活動名）**について**

　この授業の活動内容は、最終的に薄紙で表現したものを使って自己紹介することです。サブタイトルはその最終的な活動内容を「－薄紙（ティッシュ）を使った自己紹介－」と明

確に示しました。そして、活動名「これが私です、みてください！」は、自分をアピールすることが大切であることを伝えるために「この作品が私自身です。どうぞみてください！」を短縮し、強調して訴えたものです。

④表現・鑑賞内容について

○表現活動の概要

　自分自身をテーマ（表現対象・主題）として抽象的な様式の半立体・立体的な表現を追究していく活動です。

　中心材料として薄紙を折ったり、しわをつけたり、丸めたり、重ねたり、組み合わせたり、あるいは他の材料を付け加えたり彩色するなど、自分の考え方や造形感覚を大切に、材料や技法などにこだわりをもって選択したり決めたりしながら自らを表現していくのです。そうした自らの考え方や造形感覚に従って表現された作品は、まさに自分自身そのものであることに気づいていきます。自分自身の意志や考え方、あるいは造形感覚が強く発揮されればされるほど、自らをより強く表現した作品になるはずです。

　作品として造形的に表現された自分自身を、相互に紹介し合い、違いや特徴に気づき、認め合い、高め合うことの意味や楽しさを経験していく活動でもあります。

○表現・鑑賞内容とデザイン条件について

　ア）表現対象／主題（何を表現する）：造形的に表す自分自身を各自の目標として追究する。

　イ）表現材料／素材／造形要素（何で表現する）：薄紙を中心材料とする。台紙の画用紙、他の紙類、描材、ひも類、澱粉糊は各自が必要に合わせて選択する。

　ウ）表現形式（どのように表現する）：薄紙を中心的な材料とした半立体、立体的な表現とする。

　エ）表現様式（どのように表現する）：主として抽象的表現とする。

　オ）表現技法・用具／知識（どのように表現する）：澱粉糊による紙の接着や薄紙を折る、丸める、しわをつける、切る、破く、重ねて貼る、包む、覆う、ひねる、編む、他の材料を加える、描くなどの方法を発見、選択、決定し、各自が追究する。

⑤その他のデザイン条件の設定について

・授業計画：2時間

　第1次：薄紙で自分を表現するとは！（15分）

　第2次：薄紙をどのように扱えば表現になるか？（15分）

　第3次：他の材料との組み合わせると！（40分）

　第4次：このように表現した私を見て（20分）

・中心的な材料として白色の薄紙（ティッシュ）を使う。紙を中心とするが、必要に応じて持っている材料を自由に選択することができる。

・表現は台紙使って半立体的に表現しても、使わずに立体的に表現してもよい。

・描材などを使って彩色することも自由である。

(3) 授業デザイン・授業分析表

活動名：これが私です、みてください！
　　　　－薄紙（ティッシュ）を使った自己紹介－　　［5年・2時間］

① 授業課題／目標

◎授業課題
　薄紙（ティッシュ）で自分を表現した作品を使って自己紹介する活動を通し、造形表現とは自らを表現する自己表現活動であることを知るとともに、それぞれの自己表現が、各自の「自分らしさ」を見つけたり気づいたりすることにつながることを知らせたい。

◎総括的な授業目標
　自分自身をテーマ（表現対象・主題）に、薄紙（ティッシュ）を中心的な材料に使った造形表現活動を楽しみながら、自分と造形的に表現することの意味や価値に気づく。また、表現に対する見方や考え方、感じ方で薄紙を使った表現に違いが生まれ、それこそが各自のよさや「自分らしさ」であることを知る。

◎観点別目標（興味・関心、発想・構想、創造的な技能、鑑賞）
・薄紙を使った表現や自分自身を造形的に表現することの楽しさを知って積極的に関わるとともに、そうした造形表現活動に興味や関心をもつ。
・薄紙の色や形、材質などの特徴を生かし、各自が思いついたり試してみたりするなどの行為を通し、自分らしい表現を思いつく。
・薄紙を折る、丸める、開く、しわをつける、切る、破く、重ねて貼る、ひもにする、ひねる、編む、包む、覆う、材料を変える、描くなどの方法に気づいたり試したりするなどしながら、自分を抽象的に表現しようとする。
・薄紙を使った自分の表現は、造形的なものの見方や考え方、感じ方でそれぞれ違った表現となり、それが各自の大切な個性であることに気づく。

② デザイン方法

自分自身をテーマ（表現対象・主題）に、薄紙を主材料にして様々な表現形式や技法を選択、発見、工夫などしながら、各自の造形表現を追究させていく「課題追究型」の授業デザイン。

③ 活動テーマ

「これが私です、みてください！　－ティッシュを使った自己紹介－」は、「この作品が私自身です。どうぞみてください！」を短縮し、強調して訴えたものである。

④ 表現・鑑賞内容

◯表現活動の概要
　自分自身を対象（表現テーマ）として抽象的な様式の半立体・立体的な表現を追究していく活動である。中心材料として薄紙を折ったり、しわをつけたり、丸めたり、重ねたり、組み合わせたり、あるいは他の材料を付け加えたり彩色するなど、自分の考え方や造形感覚を大切に、材料や技法などにこだわりをもって選択したり決めたりするなどしながら自らを表現していくことである。作品として造形的に表現された自分自身を、相互に紹介し合い、違いや特徴を気づき、認め合い、高め合うことの意味や楽しさを経験していく活動でもある。

◯表現・鑑賞内容とデザイン条件の設定
ア）表現対象／主題：造形的に表す自分自身を各自の目標として追究する。
イ）表現材料／素材／造形要素：薄紙（白色ティッシュ）を中心材料とする。台紙の画用紙、他の紙類、描材、ひも類、澱粉糊は各自が必要に合わせて選択する。
ウ）表現形式：薄紙を中心的な材料とした半立体、立体的な表現とする。
エ）表現様式：主として抽象的表現とする。
オ）表現技法・用具／知識：技法は各自が発見、選択、決定等、追究する。

⑤ その他のデザイン条件

・授業計画：(2時間)
　第1次：薄紙で自分を表現するとは！(15分)　　第2次：薄紙をどのように扱えば表現になるか？(15分)
　第3次：他の材料との組み合わせると！(40分)　　第4次：このように表現した私を見て(20分)
・中心的な材料として白色の薄紙（ティッシュ）を使う。紙を中心とするが、必要に応じて各自で持っている材料を自由に選択することができる。描材などを使って彩色することも自由である。
・表現は台紙使って半立体的に表現しても、使わずに立体的に表現してもよい。接着剤として澱粉のりを使う。

指導・支援に関するポイント

・子どもに薄紙を使った表現技法の可能性を発表させ、常に参考にできるように板書にまとめておく。
・個の表現を取り上げ、表現の特徴を示し（表現方法、材料の使い方など）一般化する。

活動名を書いた板書。 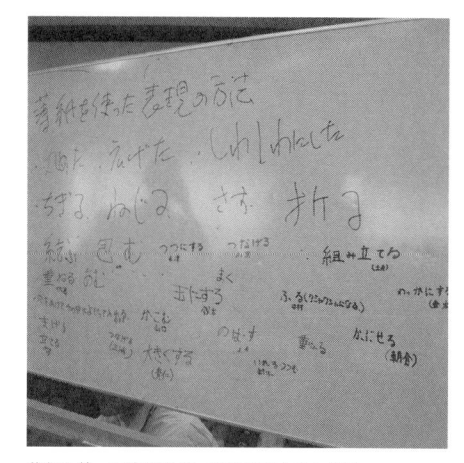　　　　　　　　　　　　　薄紙を使った表現技法／方法をまとめた板書。

（4）授業の展開

【第1次活動(15分)：薄紙で自分を表現するとは！】

○子どもたちに造形表現の意味を問い、造形表現と自分との関係に気づかせる。

・自分を造形的に表現するとはどのようなことかを考えたり発表したりする。

《自分を表現するとは、自分の考えや感覚を働かせて表現すること、そうして表現された作品は自分そのものであることを伝える。》

【第2次活動(15分)：薄紙をどのように扱えば表現になるか？】

○薄紙を使った表現の可能性を様々な視点から考える。

・薄紙を使った表現の方法を考えたり発表したりする。

《薄紙を折る、丸める、開く、しわをつける、切る、破く、重ねて貼る、ひもにする、ひねる、編む、包む、覆うなど、発表された技法を板書にまとめておく。》

薄紙を使ってどのようなことができるのか、いろいろ試してみる。 　　そおっと、そおっと、柔らかく！ 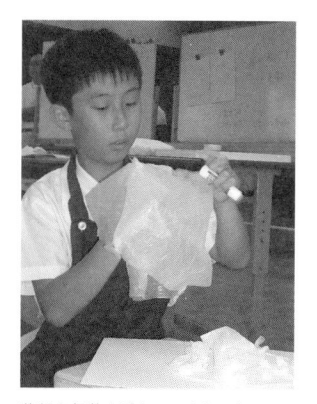　　薄紙を何枚も重ねてみようかな。

薄紙を丸め、ひもにした薄紙を巻きつける。 　　　　紙に形をくりぬいたりカラーペンで描いてみたりする。 　　　　薄紙をひもにして編んでみる。

【第3次活動(40分)：他の材料との組み合わせると！】
○薄紙以外の材料を使ったり描いたり、自分の表現を広げたり深めたりする。
・色紙や包装紙を使ってみる。
・ひもや他の材料をつけ加えてみる。
・カラーフェルトペンを使って色をつけてみる。
《個の表現を取り上げ、表現の特徴を示し（表現方法、材料の使い方等）一般化する。》

【第4次活動(20分)：このように表現した私を見てください！】
○薄紙を使った表現の特徴やよさに気づき自分自身として題名をつけ、紹介させる。
・自分をアピールする題名をつける。　　・自分の考え方や感じ方について。
・表現方法の特徴について。　　　　　　・材料の使い方、描き方について。
《薄紙を使った自分の表現は、造形的なものの見方や考え方、感じ方でそれぞれ違った表現となり、それが各自の大切な個性となることに気づかせる。》

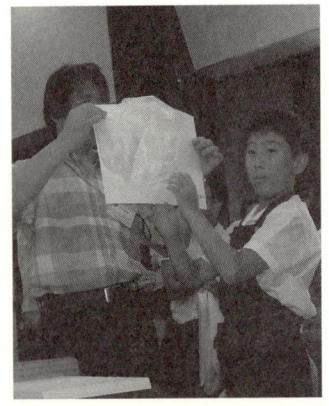

優しい自分を柔らかい薄紙を何枚も重ねて表現しました。 　　　　ドームの中にはいろいろ薄紙が詰まっていて、複雑な自分が隠れているんだ。 　　　　楽しいこと、つらいことなど、経験したことを2枚の紙の中に表してみました。

3.「自分らしさを、あるいは造形的な課題を自主的、主体的、創造的に追究、発見したり、自己表現したりする力を培う」を授業課題とした授業デザイン

(1) 活動名：私のテーマパークデザイン
　　　　　－紙箱の形や機能を生かし、各自のテーマパークを追究する－

【3年・6時間】

(2) 授業デザイン

①「授業課題／目標」の設定について

◎**授業課題**

　紙箱や紙類を使って表現したいテーマパークを思いつき、自らのテーマ（主題）に合わせて表現材料や技法、用具を自主的、主体的、創造的に選択したり追究したりする能力を培いたい。

◎**総括的な授業目標**

　紙箱や紙類を中心的な材料とすることを条件に、自らが表現したいテーマパークを思いつき、表現材料や技法、用具を活用しながら自らのテーマパークを追究、表現する。

○**観点別目標**（興味・関心、発想・構想、創造的な技能、鑑賞）

・表現したいテーマパークを思いつき、自らのテーマ（主題）を追究するような自主的、主体的な造形表現活動の楽しさや面白さに気づく。
・紙箱や紙類を使って表現してみたいテーマパークを思いつく。
・紙箱の形や機能を活用し、それらを切ったり組み合わせたり、描いたりしながら自らのテーマパークを追究する。
・各自のテーマパークデザインの特徴やよさ、工夫などを見つけ、認め合う。

②授業デザイン方法の選択について

　この授業の中心的な課題は、造形的な主体者として課題追究力を培うことです。

　ここでは子どもの実態に合わせて紙箱や紙類を中心的な材料としました。紙箱や紙類を使って表現したいテーマパークのテーマ（主題）を決めたり、それらを表現するための表現材料、技法、用具を選んだりしながら自らの表現を追究させる「課題追究型」の授業デザイン方法を取り入れました。

③活動テーマの設定（活動名）について

　活動名、「私のテーマパークデザイン」は、この授業における表現対象や主題を決め、私自らがテーマパークをデザインしていくことを明確に示したものです。

　また、サブタイトル「－紙箱の形や機能を生かし、各自のテーマを追究する－」は、使用する材料を示すと同時に、表現テーマ（主題）や材料、技法を各自で見つけたり決めたりしながら表現していくことを示しています。

④表現・鑑賞内容について
○**表現活動の概要**
　大小の紙箱を集め、それらを中心的な材料として使い、各自がイメージしたテーマパークをデザインします。
　紙箱の多様な形や大小、入れ物としての機能を表現材料とし、それらを切ったり、組み合わせたり、描いたり、活用したりしながら表現していきます。
　各自がテーマパークのデザイナーとしてテーマを見つけ、それに合わせた主題を追究したり表現したりする活動です。
○**表現・鑑賞内容とデザイン条件について**
　ア）表現対象／主題（何を表現する）：紙箱や紙類を材料とし、表現してみたいテーマパークやテーマパークの機能や内容を各自が決める。
　イ）表現材料／素材／造形要素（何で表現する）：大小様々な紙箱、厚紙台紙、色紙や包装紙、紙紐類、紙を中心にした身辺材、接着剤、カラーフェルトペン、クレヨン、その他。
　ウ）表現形式（どのように表現する）：立体的な表現とする。
　エ）表現様式（どのように表現する）：具象的な表現とする。
　オ）表現技法・用具／知識（どのように表現する）：紙を処理する技法、はさみの使い方など、自分の表現に合わせて選んだり、使用したりする。
⑤**その他のデザイン条件の設定について**
・授業計画：6時間
　第1次：どのようなテーマパークデザインがあるか話し合う。(10分)
　第2次：材料やテーマ（表現対象・主題）の可能性について考える。(15分)
　第3次：各自のテーマ（表現対象・主題）を決め、テーマパークを追究、表現する。(5時間)
　第4次：小さな展覧会をする。(20分)
・テーマパークは厚紙台紙の上にデザイン、表現していく。台紙の大きさは決めてあるが、必要に応じてある程度広げて表現することも認める。
・厚紙台紙や色紙など、一般的な材料は授業者が準備するが、その他の材料は必要に応じ、各自用意する。
・カラーフェルトペンやクレヨンで描いたり塗ったりすることもできる。

(3) 授業デザイン・授業分析表

活動名：私のテーマパークデザイン
　　　　－紙箱の形や機能を生かし、各自のテーマパークを追究する－　　【3年・6時間】

① 授業課題／目標

◎ 授業課題
　紙箱や紙類を使って表現したいテーマパークを思いつき、自らのテーマ（主題）に合わせて表現材料や技法、用具を自主的、主体的、創造的に選択したり追究したりする能力を培いたい。

◎ 総括的な授業目標
　紙箱や紙類を中心的な材料とすることを条件に、自らが表現したいテーマパークを思いつき、表現材料や技法、用具を活用しながら自らのテーマパークを追究、表現する。

○ 観点別目標（興味・関心、発想・構想、創造的な技能、鑑賞）
　・表現したいテーマパークを思いつき、自らのテーマ（主題）を追究するような自主的、主体的な造形表現活動の楽しさや面白さに気づく。
　・紙箱や紙類を使って表現してみたいテーマパークを思いつく。
　・紙箱の形や機能を活用し、それらを切ったり組み合わせたり、描いたりしながら自らのテーマパークを追究する。
　・各自のテーマパークデザインの特徴やよさ、工夫などを見つけ、認め合う。

② デザイン方法

子どもの実態に合わせて紙箱や紙類を中心的な材料とした。紙箱や紙類を使って表現したいテーマパークのテーマ（主題）を決めたり、それらを表現するための表現材料、技法、用具を選んだりしながら自らの表現を追究させる「課題追究型」の授業デザインを取り入れた。

③ 活動テーマ

活動名、「私のテーマパークデザイン」は、授業における表現対象や表現主題を決め、自らがテーマパークをデザインしていくことを明確に示したものである。

④ 表現・鑑賞内容

○ 表現活動の概要
　大小の紙箱を集め、それらを中心的な材料として使い、各自がイメージしたテーマパークをデザインする。紙箱の多様な形や大小、入れ物としての機能を表現材料とし、それらを切ったり、組み合わせたり、描いたり、活用したりしながら表現していく。
　各自がテーマパークのデザイナーとしてテーマを見つけ、それに合わせた主題を追究したり表現したりする活動である

○ 表現・鑑賞内容とデザイン条件の設定
　ア）表現対象／主題（何を表現する）：紙箱や紙類を材料とし、表現してみたいテーマパークやテーマパークの機能や内容を各自が決める。
　イ）表現材料／素材／造形要素（何で表現する）：大小様々な紙箱、厚紙台紙、色紙や包装紙、紙紐類、紙を中心にした身辺材、接着剤、カラーフェルトペン、クレヨン、その他。
　ウ）表現形式（どのように表現する）：立体的な表現とする。
　エ）表現様式（どのように表現する）：具象的な表現とする。
　オ）表現技法・用具／知識（どのように表現する）：紙を処理する技法、はさみの使い方など、自分の表現に合わせて選んだり、使用したりする。

⑤ その他のデザイン条件

・授業計画：6時間
　第1次：どのようなテーマパークデザインがあるか話し合う。(10分)
　第2次：材料やテーマ（表現対象・主題）の可能性について考える。(15分)
　第3次：各自のテーマ（表現対象・主題）を決め、テーマパークを追究、表現する。(5時間)
　第4次：小さな展覧会をする。(20分)
・テーマパークは厚紙台紙の上にデザイン、表現していく。台紙の大きさは決めてあるが、必要に応じてある程度広げて表現することも認める。
・厚紙台紙や色紙など、一般的な材料は授業者が準備するが、その他の材料は必要に応じ、各自用意する。
・カラーフェルトペンやクレヨンで描いたり塗ったりすることもできる。

指導・支援に関するポイント

・どのようなテーマパークが表現できるか、子どもたちの意見を板書にまとめる。

この箱は何に使おうかな！ 　　　　　　　　　　　箱に穴をあけて入口にした。

(4) 授業の展開（6時間）

【第1次活動（10分）：どのようなテーマパークデザインがあるか話し合う。】

○知っているテーマパークを考えてみる。

・どんなテーマパークがあるか考え、知っているものを発表する。

《ディズニーランド、サンリオピューロランド、ユニバーサルスタジオ、その他、冒険の国や未来の国、おとぎの国など、テーマパークといえる。子どもの意見を板書する。》

【第2次活動（15分）：材料やテーマの可能性について考える。】

○活動条件として紙箱や紙を使い、厚紙台紙の上に表現することを確認し、テーマの可能性を考える。

・思いついたテーマパークを発表する。

《発表したアイディアを黒板にまとめていく。》

・動物、森、迷路、小人の国、お菓子、秘密、魚、花園、未来、遊園地、アイス、プレゼント、鳥、乗り物、宇宙、おしゃれ、果物、雲の上、怪獣、ゲーム、冒険、物語、料理、その他。

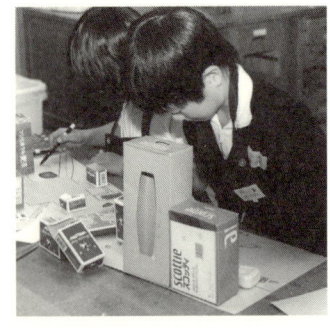

箱を立ててビルにしたよ。 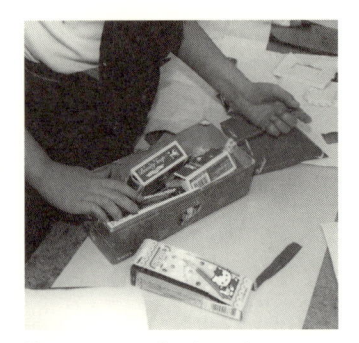　　　　箱でエレベーターをつくるんだ。 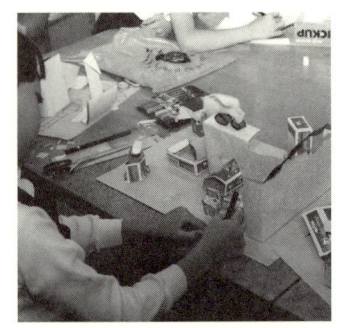　　　小さな椅子をつくりました。

ぼくのは、動物テーマパークだよ。 　　虹の国の虹はペンで描く。 　　　　　中にゲーム場がいっぱいあるんだ。

【第3次活動（5時間）：各自のテーマを決め、テーマパークを追究、表現する。】
○各自のテーマを決める。
　・例に挙がったものから発想を広げたり、それらを組み合わせたりしたものなど、各自のテーマを決める。
○それぞれのテーマパークを追究する。
　・各自が決めたテーマパークには、どのようなものが必要か、またつくってみたいか考える。
　・紙箱や画用紙、ひもをどのようなところに、どのような方法で使うか。
　《紙箱や紙もいろいろな種類がある。それらの特徴を生かした様な使い方を考えさせる。》

【第4次活動（20分）：テーマパークを集めた小さな展覧会をする。】
○各自のテーマパークデザインの特徴やよさ、工夫などを見つけ、認め合う。

テーマパークをつなげてみると楽しいね。

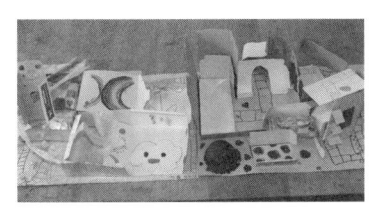

虹と雲のテーマパークと立体迷路のテーマパークです。

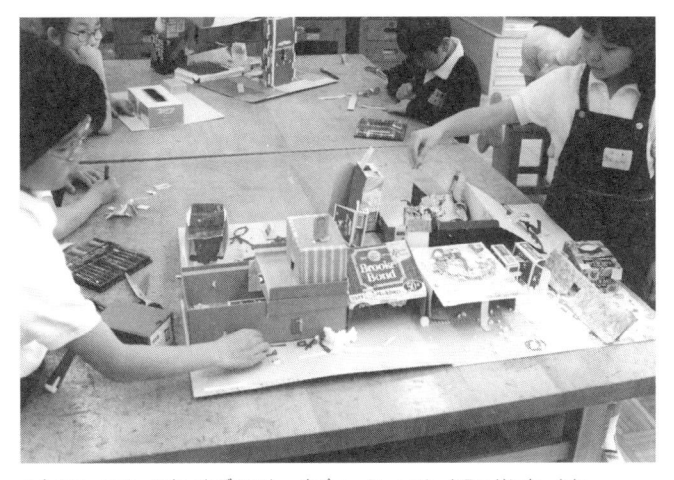

4人のテーマパークをつなげてみた。すごい、テーマパークランドになったね。

4.「総合的な造形表現活動を経験し、造形的な総合力を養う」を授業課題とした授業デザイン

(1) 活動名：マイマイルーム、私の部屋に遊びに来て！
　　　　　　－段ボールを組み立てて－　　【2年・8時間】
(2) 授業デザイン
① 「授業課題／目標」の設定について
◎「授業課題」

　子どもに自主的、主体的な造形表現活動の喜びを味わわせたい。それは自分の意思で行動を選択、決定、追究するなど、自分自身の世界をだれにも邪魔されることなく表現したり、築いたりして自己の実現を図らせることでもある。

　それには子どもの生活や遊びなど、必然的な欲求に基づいたリアリティのある活動が有効である。ここでは段ボールを組み立て、自分が過ごしたい自分自身の部屋を「マイマイルーム」として表現する。その中で、各自がもっている知識や経験を有機的、関係的に捉え、それらを試したり、生かしたりする環境を整えることで造形的な総合力を培いたい。

◎総括的な授業目標

　段ボールを組み立てて部屋をつくり、自身の知識や経験、考えなどを試したり、生かしたり、工夫したりしながら、自分が過ごしてみたい部屋の環境や設備などをマイマイルームとして追究する。

○観点別目標（興味・関心、発想・構想、創造的な技能、鑑賞）

　・友達と協力し合い、自分自身の部屋をつくる楽しさを味わう。
　・自分の知識や経験、考えを試したり、生かしたり、工夫したりしながら自分らしいマイマイルームを思いつき、追究する。
　・自分らしいマイマイルームをつくるために、どのような材料や用具、技法などを取り入れたらいいかを考え、それらを実現するための知識や技術を養う。
　・自他のマイマイルームの特徴や違い、よさなどに気づき、認めたり取り入れたりする。

②授業デザイン方法の選択について

　この活動は子どもの自主性や主体性、総合的な造形力を培うことを中心的な課題としているので、それらを実現するための環境を設定することが大切になります。そこで自分の理想の部屋を「マイマイルーム」として実現することを課題とした、総合的な「課題追究型」「総合型」の授業デザイン方法を取り入れました。

③活動テーマの設定（活動名）について

　活動名「マイマイルーム、私の部屋に遊びに来て！」は、「理想的な自分の部屋をつくり、友達を招待して遊びましょう」と子どもへの呼びかけです。「マイマイルーム」の「マイ」は、「私の」を意味し、「マイマイ」は、「カタツムリのように背中に背負って移動できる部屋」

を意味しています。サブタイトル「-段ボールを組み立てて-」は、部屋をつくる中心的な材料が段ボールであることを示しています。また、「組み立てて」は、2年生の子どもが、つくる部屋の大きさに合わせ、あらかじめ規格にあわせて切った段ボールを使うので、既成の段ボールを「組み立てて」の意味を含むものです。

④表現・鑑賞内容について

○表現活動の概要

　子ども一人ひとりにマイマイルーム、すなわち自分の部屋を段ボールでつくらせます。それも実際に中に入れる大きさの部屋です。部屋にはひもをつけ、背負って自由に移動することができるようにします。子どものマイマイルームに対する思いは様々です。現実的な生活を考える子。夢の中に出てくるような生活を考える子。遊び場として部屋を考える子などがいると想定されます。それには様々な材料や用具、技法を自分自身で見つけたり、選んだり、試したり、決めたりしながら、マイマイルームを追究していかなければなりません。

　マイマイルームは子ども一人ひとりが自分自身の世界を追究する活動です。

○表現・鑑賞内容とデザイン条件について

　ア）表現対象／主題（何を表現する）：対象は部屋である。主題は、自らが過ごしたい理想の「マイマイルーム」を自ら発見、追究すること。

　イ）表現材料／素材／造形要素（何で表現する）：段ボールと紙、ガムテープ、接着剤、描材等を中心的な材料とするが、他の材料は必要に応じ、自ら選択、準備して使用する。

　ウ）表現形式（どのように表現する）：立体的な表現となる。部屋の内部については多様な形式が考えられ、各自が自由に選択、表現する。

　エ）表現様式（どのように表現する）：特に指定条件はない。

　オ）表現技法・用具／知識（どのように表現する）：段ボールの組み立てや切断、接着、ひもを使う技術。その他は活動に合わせ、各自が選択、準備する。

⑤その他のデザイン条件の設定について

・授業計画：8時間

　第1次：どのようなマイマイルームをつくりたいか話し合う。（20分）

　第2次：友達と協力して段ボールでマイマイルームを組み立てる。（2時間）

　第3次：各自のマイマイルームをつくる。（4時間25分）

　第4次：マイマイルーム、私の部屋に遊びに来て！（1時間）

・材料、用具については次の通りである。

　ダンボール1人分（75×90㎝×4枚）（75×75㎝×2枚）、ガムテープ、画用紙類、接着剤、背負い綱、ひも類、セロハンテープ、描材や身辺材、はさみ、ホチキス、帯鋸（ダンボールカッター）、目打ち等、活動に合わせ、各自が選択、準備する。

(3) 授業デザイン・授業分析表

活動名：マイマイルーム、私の部屋に遊びに来て！
　　　　―段ボールを組み立てて―　　［2年・8時間］

① 授業課題／目標

◎ 授業課題
　子どもに自主的、主体的な造形表現活動の喜びを味わわせたい。それは自分の意思で行動を選択、決定、追究するなど、自分自身の世界をだれにも邪魔されることなく表現したり、築いたりして自己の実現を図らせることでもある。ここでは段ボールを組み立て、自分が過ごしたい自分の部屋を「マイマイルール」として表現する。その中で、各自がもっている知識や経験を有機的、関係的に捉え、それらを試したり、生かしたりする環境を整えることで造形的な総合力を培いたい。

◎ 総括的な授業目標
　段ボールを組み立てて部屋をつくり、自身の知識や経験、考えなどを試したり、生かしたり、工夫したりしながら、自分が過ごしてみたい部屋の環境や設備などをマイマイルームとして追究する。

○ 観点別目標（興味・関心、発想・構想、創造的な技能、鑑賞）
　・友達と協力しあい、自分自身の部屋をつくる楽しさを味わう。
　・自分の知識や経験、考えを試したり、生かしたり、工夫したりしながら自分らしいマイマイルームを思いつき、追究する。
　・自分らしいマイマイルームをつくるために、どのような材料や用具、技法などを取り入れたらいいかを考え、それらを実現するための知識や技術を養う。
　・自他のマイマイルームの特徴や違い、よさなどに気づき、認めたり取り入れたりする。

② デザイン方法

自分の理想の部屋を「マイマイルーム」として実現することを課題とした、総合的な「課題追究型」「総合型」の授業デザイン方法を取り入れた。

③ 活動テーマ

活動名「マイマイルーム、私の部屋に遊びに来て！」は、「理想的な自分の部屋をつくり、友達を招待して遊びましょう」と子どもたちへの呼びかけである。

④ 表現・鑑賞内容

○ 表現活動の概要
　子ども一人ひとりにマイマイルーム、すなわち自分の部屋を段ボールでつくらせる。それも実際に中に入れる大きさの部屋である。部屋にはひもをつけ、背負って自由に移動することができるようにする。マイマイルームは子ども一人ひとりが自分自身の世界を追究する活動である。

○ 表現・鑑賞内容とデザイン条件の設定
　ア）表現対象／主題（何を表現する）：対象は部屋である。主題は、自らが過ごしたい理想の「マイマイルーム」を自ら発見、追究すること。
　イ）表現材料／素材／造形要素（何で表現する）：段ボールと紙、ガムテープ、接着剤、描材等を中心的な材料とするが、他の材料は必要に応じ、自ら選択、準備する。
　ウ）表現形式（どのように表現する）：立体的な表現となる。
　エ）表現様式（どのように表現する）：特に指定条件はない。
　オ）表現技法・用具／知識（どのように表現する）：段ボールの組み立てや切断、接着、ひもを使う技術。その他は活動に合わせ、各自が選択、準備する。

⑤ その他のデザイン条件

・授業計画：8時間
　第1次：どのようなマイマイルームをつくりたいか話し合う。(20分)
　第2次：友達と協力して段ボールでマイマイルームを組み立てる。(2時間)
　第3次：各自のマイマイルームをつくる。(4時間25分)
　第4次：マイマイルーム、私の部屋に遊びに来て！(1時間)
・材料、用具については次のとおりである。
　ダンボール1人分（75×90㎝×4枚）(75×75㎝×2枚)、ガムテープ、画用紙類、接着剤、背負い綱、紐類、セロハンテープ、描材や身辺材、はさみ、ホチキス、帯鋸（ダンボールカッター）、目打ち等、活動に合わせ、各自が選択、準備する。

指導・支援に関するポイント

・マイマイルームをつくることにおいて、授業者は相談役になってアドバイスをする。
・2年生の子どもの実態に合わせ、既成の段ボール板を組み立てて部屋をつくらせた。

よいしょ！ 5枚の段ボールをつなげたよ。後は立体にしてドアをつける。

友達と協力して段ボールをガムテープで貼り合わせる。

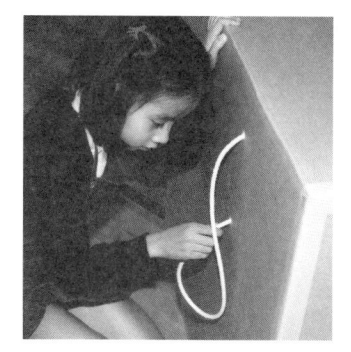

あらかじめ教師が穴をあけておいたところに背負いひもを通す。

(4) 授業の展開（8時間）

【第1次活動（20分）：どのようなマイマイルームをつくりたいか話し合う。】

○ダンボールを組み合わせ、背負い綱をつけ、かたつむりのように自由に移動できる部屋、「マイマイルーム」をつくることを提案する。

・どんな部屋をつくりたいか想像したり、発表したりする。
・遊べる部屋、空想の部屋、おとぎの国のような部屋、勉強のできる部屋、眠れる部屋等。

【第2次活動（2時間）：友達と協力して段ボールでマイマイルームを組み立てる。】

○2人ずつのグループをつくり、協力しながら切断したダンボール（75×90cm×4枚）（75×75cm×2枚）を使い、それぞれの辺をガムテープで両面から貼り合わせて立方体の箱を組み立てる。

・側面の一か所にドアが開くように入口をつくる。つくり方は各自の自由である。
・ドアの反対側に背負い綱をつけ、子どもがマイマイルームを背中に背負って移動できるようにする。

《背負い綱は、指導者がダンボールに目打ちで穴をあけ、子どもの腕の太さに綱を結んでつくる。》

ドアの部屋の名前やきれいな飾りをつける。

段ボールを切って部屋の中に台をつくるんだ。

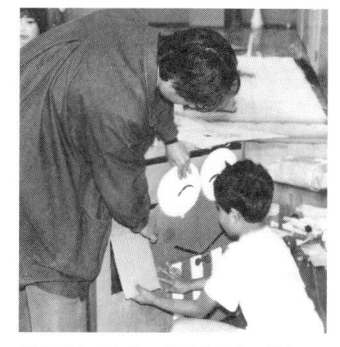

ドアに大きなカエルの飾りをつけたい。上手につくるかな。

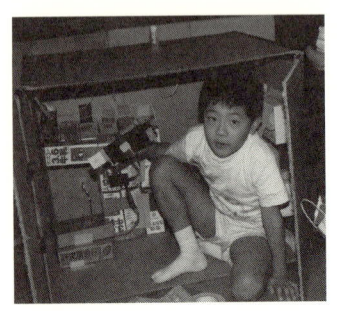

棚や物入れもつくって、整理整頓！住みやすい部屋にしたい。 　ゲームや遊び道具もたくさんつくる。友達を呼んで部屋で遊びたい。 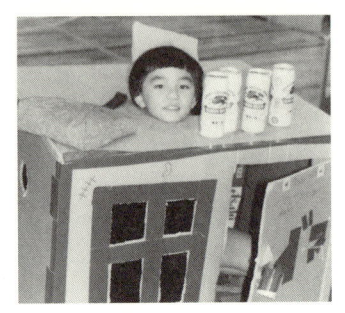　天井から顔が出せるようにした。ドアも素敵でしょ。

【第3次活動（4時間25分）：各自のマイマイルームをつくる。】
○ダンボールや身辺材など、色々な材料を利用して部屋の内部をつくる。
　《子どもたちの発想やアイディアは、危険が伴わない範囲でできるだけ生かすようにする。》
　《活動の行き詰まりは、材料の使い方、表現技法、用具の使い方など、各自の活動に合わせて新たな切り口を与え、発想を促していく。》
　・このような活動では外形をつくることに重点がおかれることが多い。しかし、子どもたちは家の外形より生活と実質的に結びついた内部に興味をもっている。
　《指導者は相談役である。相談にこない子、用具の危険な使い方をしている子、安易な表現に流れている子などには、出張アドバイスをする。》

【第4次活動（1時間）：マイマイルーム、私の部屋に遊びに来て！】
○マイマイルームを校庭や体育館など好きな場所に移動し、それぞれのマイマイルームを訪問し、部屋づくりを手伝ったり、中で遊んだりする。
　・それぞれの部屋の違いやよさを見つけながら、さらにつくって遊ぶようなこともする。

マイマイルーム、ちょっと重いけど、移動中です。 　窓やカーテン、カレンダーや物入れもつくった。 　今日はこのグループで部屋を訪ねて遊びます。

5.「造形的なものの見方や考え方、造形感覚を養い、感性を培う」を授業課題とした授業デザイン

(1) 題材名：同じ形を繰り返して表すと！
　　　　　　　－パターン（型紙）を使って描く－　　【6年・6時間】

(2) 授業デザイン

①「授業課題／目標」の設定について

◎「授業課題」

　形の組み合わせにはいろいろな面白さや楽しさがあるが、同じ形の組み合わせもその中のひとつである。同じ形の組み合わせを工夫すると様々な表現ができる。同じ形であることが、かえって表現の面白さにつながるのである。

　ここでは、同じ形を繰り返し並べたり、重ねたり、組み合わせたりする表現に興味や関心をもたせると同時に、そうした造形的なものの見方や考え方を養いたい。

◎総括的な授業目標

　同じ形を繰り返し並べたり、重ねたり、組み合わせたりしながら、それらの造形的な面白さや特徴に気づき、そうした方法を生かした表現を追究することができる。

　また、同じ形を描くのに、型紙でパターンをつくると同じ形がたやすく、たくさん描けることを知る。

○観点別目標（興味・関心、発想・構想、創造的な技能、鑑賞）

・同じ形を組み合わせたり繰り返したりする表現に興味や関心をもつ。
・同じ形を並べたり、重ねたり、組み合わせたりすることから想像を広げ、それらを生かした表現テーマ（対象・主題）を思いつく。
・型紙をつくり、同じ形を繰り返して描く面白さや特徴を生かした表現技法を工夫する。
・同じ形を繰り返して描いた表現の面白さや特徴に気づく。

②授業デザイン方法の選択について

　この授業の中心的な課題は、同じ形を繰り返す表現の面白さや特徴に気づかせるとともに、それらを生かした表現テーマ（対象・主題）を追究、表現させることです。

　授業課題が単純であるため、授業は比較的単純な「指導・示範型」の授業デザイン方法となります。

　しかし、同じ形を繰り返して表現する面白さや特徴を捉えた表現テーマ（対象・主題）を各自に見つけさせるところは、わずかに「課題追究型」といえる部分もありますが、全体としては「指導・示範型」の授業デザイン方法ということになります。

③活動テーマの設定（題材名）について

　題材名「同じ形を繰り返して表すと！」は、造形要素としての「形」と、「同じ形」を「繰り返し」使った表現の面白さや特徴に注目することを示したものです。さらに、「表すと！」

は、そこではどのような表現ができるかを子どもに問うているのです。

　サブタイトル「－パターン（型紙）を使って描く－」は、この授業で、同じ形をたやすく、たくさんつくる表現技法を示唆したものです。

④表現・鑑賞内容について

○表現活動の概要

　自分が好きなものの形（ここでは各自の自分マークを使った）を単純化してパターンをつくる。

　黄ボール紙（10×13㎝）にパターンを描き、カッターナイフで形をくり抜いて外型の型紙をつくります。この型紙の内側を鉛筆でなぞると、同じ形をたやすくいくつも描けます。

　同じ形を繰り返して並べたり、重ねたり、組み合わせたりする形遊びをしながらイメージを広げ、同じ形を繰り返すとどのような表現かできるか、表現テーマ（対象・主題）を見つけながら各自の描画表現を追究していきます。

○表現・鑑賞内容とデザイン条件について

　ア）表現対象／主題（何を表現する）：同じ形を繰り返して描く面白さや特徴を生かした表現テーマ（対象・主題）を各自で見つける。

　イ）表現材料／素材／造形要素（何で表現する）：カラーフェルトペン、鉛筆を使い、八切り画用紙に描く。型紙は黄ボール紙（10×13㎝）を使う。

　ウ）表現形式（どのように表現する）：平面、絵画表現形式である。

　エ）表現様式（どのように表現する）：具象的、装飾的等、様式は自由である。

　オ）表現技法・用具／知識（どのように表現する）：型紙による表現技法を使う。型紙以外の細部は描き加えることもする。カッターナイフとカッターマットを使って型紙を切り抜く。カラーフェルトペンによる描画。

⑤その他のデザイン条件の設定について

・授業計画：6時間

　第1次：好きなものを選び、形のパターンを決めて型紙をつくる。（1時間）

　第2次：形のパターンの組み合わせからイメージしたものを描く。（4時間30分）

　第3次：小さな展覧会をする。（15分）

・自分が好きなものの形を単純化してパターンをつくるが、この授業ではオリジナル自分マークを使わせた。

・描材は細部が描きやすいカラーフェルトペンを使う。

(3) 授業デザイン・授業分析表

題材名：同じ形を繰り返して表すと！
　　　　　－パターン（型紙）を使って描く－　　【6年・6時間】

① 授業課題／目標

◎ 授業課題
　形の組み合わせにはいろいろな面白さや楽しさがあるが、同じ形の組み合わせもその中のひとつである。同じ形の組み合わせを工夫すると様々な表現ができる。同じ形であることが、かえって表現の面白さにつながるのである。
　ここでは、同じ形を繰り返し並べたり、重ねたり、組み合わせたりする表現に興味や関心をもたせると同時に、そうした造形的なものの見方や考え方を養いたい。

◎ 総括的な授業目標
　同じ形を繰り返し並べたり、重ねたり、組み合わせたりしながら、それらの造形的な面白さや特徴などに気づき、そうした方法を生かした表現を追究することができる。
　また、同じ形を描くのに、型紙でパターンをつくると同じ形がたやすく、たくさん描けることを知る。

○ 観点別目標（興味・関心、発想・構想、創造的な技能、鑑賞）
・同じ形を組み合わせたり繰り返したりする表現に興味や関心をもつ。
・同じ形を並べたり、重ねたり、組み合わせたりすることから想像を広げ、それらを生かした表現テーマを思いつく。
・型紙をつくり、同じ形を繰り返して描く面白さや特徴を生かした表現技法を工夫する。
・同じ形を繰り返して描いた表現の面白さや特徴に気づく。

② デザイン方法

同じ形を繰り返して表現する面白さや特徴を捉えた表現テーマ（主題）を各自に見つけさせるところは、わずかに「課題追究型」といえる部分もあるが、全体としては「指導・示範型」の授業デザイン方法ということになる。

③ 活動の課題／テーマ

題材名「同じ形を繰り返して表すと！」は、「同じ形」を「繰り返し」使った表現の面白さや特徴に注目することを示したもの。さらに、「表すと！」は、そこではどのような表現ができるかを子どもに問うているのである。

④ 表現・鑑賞内容

○ 表現活動の概要
　自分が好きなものの形（ここでは各自の自分マークを使った）を単純化してパターンをつくる。黄ボール紙（10×13cm）にパターンを描き、カッターナイフで形をくり抜いて外型の型紙をつくる。この型紙の内側を鉛筆でなぞると、同じ形をたやすくいくつも描ける。同じ形を繰り返して並べたり、重ねたり、組み合わせたりする形遊びをしながらイメージを広げ、同じ形を繰り返すとどの様な表現ができるか、表現テーマ（対象・主題）を見つけながら各自の描画表現を追究していく。

○ 表現・鑑賞内容とデザイン条件の設定
ア）表現対象／主題（何を表現する）：同じ形を繰り返して描く面白さや特徴を生かした表現テーマ（対象・主題）を各自で見つける。
イ）表現材料／素材／造形要素（何で表現する）：カラーフェルトペン、鉛筆を使い、八切り画用紙に描く。型紙は黄ボール紙（10×13cm）を使う。
ウ）表現形式（どのように表現する）：平面、絵画表現形式である。
エ）表現様式（どのように表現する）：具象的、装飾的等、様式は自由である。
オ）表現技法・用具／知識（どのように表現する）：型紙による表現技法を使う。型紙以外の細部は描き加えることもする。カッターナイフとカッターマットを使って型紙を切り抜く。カラーフェルトペンによる描画。

⑤ その他のデザイン条件

・授業計画：8時間
　第1次：好きなものを選び、形のパターンを決めて型紙をつくる。（1時間）
　第2次：形のパターンの組み合わせからイメージしたものを描く。（4時間30分）
　第3次：小さな展覧会をする。（15分）
・自分が好きなものの形を単純化してパターンをつくるが、この授業ではオリジナル自分マークを使わせた。
・描材は細部が描きやすいカラーフェルトペンを使う。

指導・支援に関するポイント

・型紙をつくったら、紙に形を繰り返し写して遊ばせ、表現の可能性を見つけさせる。

形のパターンにした自分マーク（マウスのミニ）。 　　形を黄ボール紙に描いて切り抜いた型紙。 　　形のパターンにした自分マーク（恐竜君）。

（4）授業の展開（6時間）

【第1次活動（1時間）：好きなものを選び、形のパターンを決めて型紙をつくる。】

○この授業では形のパターンに子どもがもっているオリジナル自分マークを使った。

・形からはみ出すような線の表現（例えば線描きの手や髪の毛等）はなるべく避けるようにする。

・必要なときは、型紙から形を写した後で線を描き足す。また、形の内側に描くもの（例えば目、鼻、口等）は後から描き足すことになる。

○黄ボール紙（10×13cm）に形のパターンを描き、カッターナイフで切り抜いて型紙をつくる。

・外型を使うので、型の縁幅を1cm以上取るようにする。

【第2次活動（4時間30分）：形のパターンの組み合わせからイメージしたものを描く。】

○つくった型紙を利用してアイディア帳などに形を写して遊んでみる。

○形の並べ方、組み合わせ方。

・形を規則的に並べる。

・形を思いつくままランダムに並べる。

・形を重ねてみる。　　・その他。

各自の表現テーマ（対象・主題）に合わせ、型紙を置いて同じ形を並べたり、重ねたり、組み合わせたりしながらカラーフェルとペンで描く。

「何匹いるの？」：重ねて組み合わせた形を利用してゲームにした。猫の表情を描きたした。

「人形店の恐竜君」：様々な衣服を身に着けた恐竜君が洗濯物のようにお店に吊るされている。

「猫のくつ」：靴を売っている店に仕立てたのが楽しい。パターンに形や色をつけ足して変化をつけている。

○形の組み合わせ方から表現イメージへの可能性を考え、表現テーマ（対象・主題）を決める。
　・組み合わせた形と色との関係を考え、イメージを広げる。
　・組み合わせた形から、新たな形をイメージしていく。
　・複数組み合わせた形から、時間の経過など、時間との関係をイメージしていく。
　・組み合わせた形から言葉やお話、物語などへイメージを広げる。
　・組み合わせた形から遊び道具やゲームなどにイメージを広げる。
○表現テーマ（対象・主題）に合わせて描く。
　・形の組み合わせ方、表現へ結びつける考え方を参考に、各自の表現に結びつけて描く。

【第3次活動(15分)：小さな展覧会をする。】
○同じ形を繰り返して描いた表現の面白さや特徴に気づく。
　・友達はどのような表現をしたかな？

「ウサギの大移動」：ウサギの色は一羽ずつ変えている。ウサギが川を渡って移動していく動きが感じられる。額に入って展覧会に出品されている絵の一部として描かれているところが楽しい。

「タコポンのお話」：形の繰り返しで時間の経過と移動を表している。タコポンは赤から緑までの色のグラデーションを使い、転がり落ちる恐怖から水に入った気持ちよさまで表している。

6.「造形的な知識や技能を養い、造形文化や歴史に興味や関心をもつ」を授業課題とした授業デザイン

(1) 題材名：削って飾って、枝木のおしゃれ
　　　　　　－ナイフとひもで－　【6年・4時間】

(2) 授業デザイン

① 「授業課題／目標」の設定について

◎「授業課題」

　枝を切ったり削ったりしてナイフの簡単な使い方を経験させ、初歩的なナイフの技術を身につけさせたい。また、枝の皮をはいたり、削ったり、ひもで飾ったりするなどの方法で枝を自分らしく装飾することを通し、造形感覚を養う。

◎総括的な授業目標

　ナイフで枝を切ったり削ったり、皮をはいで模様をつけたりする活動を通し、ナイフの使い方を身に着けるとともに、自らの感覚を大切に、色麻ひもを枝に結んだり巻きつけたりして自由に飾りつける。

○観点別目標（興味・関心、発想・構想、創造的な技能、鑑賞）

- ナイフで枝を切ったり削ったりして飾る活動を楽しむ。
- ナイフで枝を削ったり、皮はいで模様をつけたり、麻ひもで縛ったり巻きつけたりしながら、好きな感じの飾りを思いつく。
- ナイフでお気に入りの枝を削ったり皮をはいだり、麻ひもで模様をつけたりして飾ることができる。
- ナイフと麻ひもで、どのように枝を飾りつけたか、ナイフの使い方や表現の特徴、よさを見つける。

② 授業デザイン方法の選択について

　この授業の中心的な課題は、ナイフの使い方を身につけるとともに、麻ひもを使って枝を自分らしく装飾することであるので、活動の流れは比較的、単純です。

　つまり、ナイフの使い方の指導の後に、子どもはその方法を試しながら、枝を切ったり削ったり、皮をはいだり、麻ひもを巻きつけたり、各自の表現を追究することです。試行錯誤を促す活動は、限られた条件の中で自分はどのように装飾するかという部分だけであり、基本的に「指導・示範型」の授業デザイン方法ということになります。

③ 活動テーマの設定（題材名）について

　題材名、「削って飾って、枝木のおしゃれ」は、「枝の幹や皮を削って、おしゃれな飾りを作ろう」との提案です。また、サブタイトル「－ナイフとひもで－」で、「ナイフという用具と麻ひもという材料を使います」と補足しています。用具としてナイフを使用するということは、「その使い方を経験しましょう」ということにもなります。

④表現・鑑賞内容について
○表現活動の概要
　はじめに子どもを集め、枝を材料にナイフの持ち方、枝の切り方や削り方、皮のはぎ方など、ナイフの使い方を師範して見せます。ナイフの安全な使い方も十分に指導します。
　この授業では、ナイフは「肥後の神」を、また枝木は校庭の木を剪定、伐採したものを使いました。枝は各自で好きな部位や長さを自由にのこぎりで切り取ります。
　枝の皮をはぐと白い幹が表れ、皮と幹に模様が彫れることを知らせます。枝や枝分かれした形、太さを考えながら、ナイフで好きなように模様を彫っていきます。
　ある程度彫れた段階で、色の麻ひもを枝に巻く、縛って結び目をつける、リボンのように結ぶ、弦のように張るなど、装飾を加えていきます。麻ひもは赤、紺、緑と茶の4色を使いました。枝木を削ったり麻で飾ったりして、「おしゃれな枝木」は完成です。
○表現・鑑賞内容とデザイン条件について
　ア）表現対象／主題（何を表現する）：対象は「おしゃれな枝木」。主題は、各自が枝に模様を彫ったり麻ひもで飾ったりして表現する各自が考えた「おしゃれな枝木」。
　イ）表現材料／素材／造形要素（何で表現する）：主材料は各自が選んだ枝木、色、麻ひも。
　ウ）表現形式（どのように表現する）：立体的表現、工作、工芸的表現。
　エ）表現様式（どのように表現する）：装飾的表現。
　オ）表現技法・用具／知識（どのように表現する）：ナイフ（肥後の神）の使い方、切り方、削り方。のこぎりの使い方、麻ひもの縛り方、結び方、巻き方、編み方など。
⑤その他のデザイン条件の設定について
・授業計画：4時間
　第1次：ナイフの使い方を知る。（30分）
　第2次：枝をナイフと麻ひもで装飾する。（3時間）
　第3次：小さな展覧会をする。（15分）
・枝木は、設定した時間内で完成させることが可能な大きさを各自で選ぶ。時間内で複数つくってもよい。
・個人制作とする。

(3) 授業デザイン・授業分析表

題材名：削って飾って、枝木のおしゃれ
　　　　　－ナイフとひもで－　　　[6年・4時間]

① 授業課題／目標

◎ 授業課題
枝を切ったり削ったりしてナイフの簡単な使い方を経験させ、ナイフを使う初歩的なナイフの技術を身につけさせたい。また、枝の皮をはいたり、削ったり、ひもで飾ったりするなどの方法で枝を自分らしく装飾することを通し、造形感覚を養う。

◎ 総括的な授業目標
ナイフで枝を切ったり削ったり、皮をはいで模様をつけたりする活動を通し、ナイフの使い方を身につけるとともに、自らの感覚を大切に、色麻ひもを枝に結んだり巻きつけたりして自由に飾りつける。

○ 観点別目標（興味・関心、発想・構想、創造的な技能、鑑賞）
・ナイフで枝を切ったり削ったりして飾る活動を楽しむ。
・ナイフで枝を削ったり、皮はいで模様をつけたり、麻ひもで縛ったり巻きつけたりしながら、好きな感じの飾りを思いつく。
・ナイフでお気に入りの枝を削ったり皮をはいだり、麻ひもで模様をつけたりして飾ることができる。
・ナイフと麻ひもで、どのように枝を飾りつけたか、ナイフの使い方や表現の特徴、よさを見つける。

② デザイン方法

ナイフの使い方の指導の後に、子どもはその方法を試しながら各自の表現を追究する。試行錯誤を促す活動は、限られた条件の中で自分はどのように装飾するかという部分だけであり、基本的に「指導・示範型」の授業デザイン方法ということになる。

③ 活動テーマ

題材名、「削って飾って、枝木のおしゃれ」は、「枝の幹や皮を削って、おしゃれな飾りを作ろう」と提案している。

④ 表現・鑑賞内容

○ 表現活動の概要
はじめに子どもを集め、枝を材料にナイフの持ち方、枝の切り方や削り方、皮のはぎ方など、ナイフの使い方を師範して見せる。ナイフの安全な使い方も十分に指導する。
枝は各自で好きな部位や長さを自由にのこぎりで切り取る。枝の皮をはぐと白い幹が表れ、皮と幹に模様が彫れることを知らせる。枝や枝分かれした形、太さを考えながら、ナイフで好きなように模様を彫っていく。
ある程度彫れた段階で、色の麻ひもを枝に巻く、縛って結び目をつける、リボンのように結ぶ、弦のように張るなど、装飾を加えていく。枝木を削ったり麻で飾ったりして好きな感じになったら、「おしゃれな枝木」は完成。

○ 表現・鑑賞内容とデザイン条件の設定
ア) 表現対象／主題（何を表現する）：対象は「おしゃれな枝木」。主題は、各自が様を彫ったり麻ひもで飾ったりして表現「おしゃれな枝木」。
イ) 表現材料／素材／造形要素（何で表現する）：主材料は各自が選んだ枝木。麻ひも
ウ) 表現形式（どのように表現する）：立体的表現、工作、工芸的表現。
エ) 表現様式（どのように表現する）：装飾的表現。
オ) 表現技法・用具／知識（どのように表現する）：ナイフ（肥後の神）の使い方、切り方、削り方。のこぎりの使い方、麻ひもの縛り方、結び方、巻き方、編み方など。

⑤ その他のデザイン条件

・授業計画：4時間
　第1次：ナイフの使い方を知る。(30分)
　第2次：枝をナイフと麻ひもで装飾する。(3時間)
　第3次：小さな展覧会をする。(15分)
・枝木は、設定した時間内で完成させることが可能な大きさを各自で選ぶ。時間内で複数つくってもよい。
・個人制作とする。

指導・支援に関するポイント

・ナイフの使い方や安全な扱いについて、枝を使って具体的に師範するなどして指導する。

枝を好きな長さにのこぎりで切る。 　　つくりたいイメージに合わせ、枝を削っ　　枝の皮をはぐと皮の色と幹の白との色のコ
　　　　　　　　　　　　　　　　　　たり皮をはいだりする。　　　　　　　　ントラストによって模様をつくることがで
　　　　　　　　　　　　　　　　　　　　　　　　　　　　　　　　　　　　　きる。

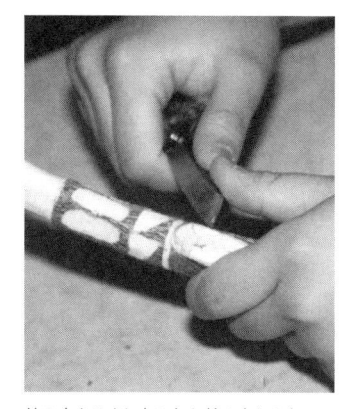

(4) 授業の展開（4時間）

【第1次活動（30分）：ナイフの使い方を知る。】

○枝を使った具体的な師範を見てナイフの使い方や安全な扱いについて理解する。

　《小さな枝を使って、削る、皮をはぐなど、ナイフの使い方を師範する。》

【第2次活動（3時間）：枝をナイフと麻ひもで装飾する。】

○自分の好みに合わせて枝をのこぎりで切る。

・枝の形や長さや太さなど、各自の「おしゃれな枝木」のイメージに合わせて切る。

　《表現のイメージの変化に対応できるように、複数の枝を切り取っておくようにする。》

○枝を切る、削る、皮をはいで幹の白との色のコントラストつけ、模様をつける。

・自分のイメージに合わせ、様々な模様を工夫して枝に表現する。

　《枝の皮にナイフで切れ込みを入れてから皮をはぐと模様の境目がきれいに表れる。》

　《ナイフは力を入れて一気に切ったり削ったりするのではなく、力を加減して少しず
　　つ切るようにさせる。大きな怪我を防ぐための安全指導である。》

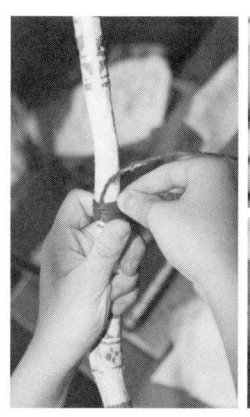

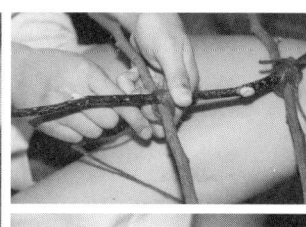

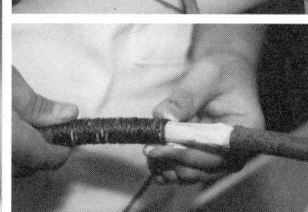

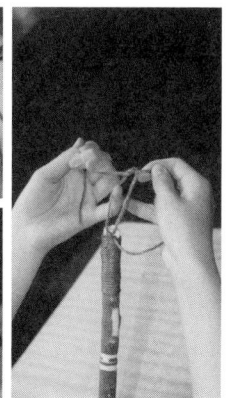

枝に麻ひもを巻く、結ぶ、枝を組み合わせるなどして表現する。

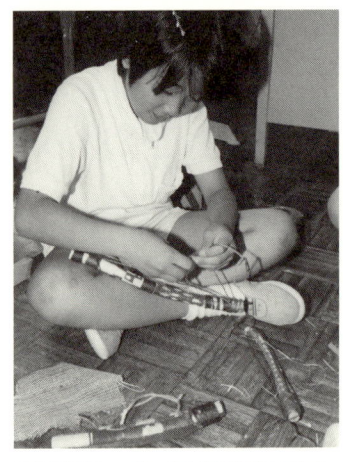

3本の枝に、いろいろな表現を試してみた。 　枝分かれした枝木を使ってみた。 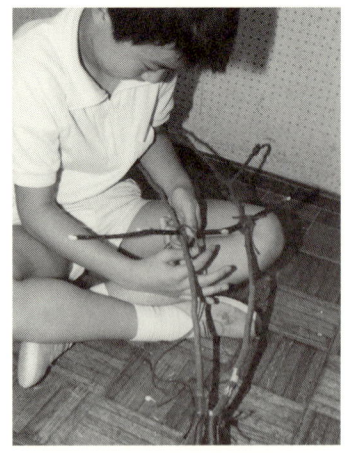　何本かの枝を組み合わせて表現する。

○色麻ひもを使って枝を飾る。
　・枝に麻ひもを巻きつけて飾る。麻ひもの色合いも考える。
　・複数の枝を組み合わせて表現することもできる。
　《ナイフで削ってつくった模様を生かすように、麻ひもを巻きつけたり、結んだりして飾るようにさせる。》

【第3次活動 (15分)：小さな展覧会をする。】
○ナイフと麻ひもで、どのように枝を飾りつけたか、ナイフの使い方や表現の特徴、よさを見つける。
　・枝の削り方や皮をはいだ模様のつけ方、ひもの巻き方や結び方、丁寧さなどを見つける。

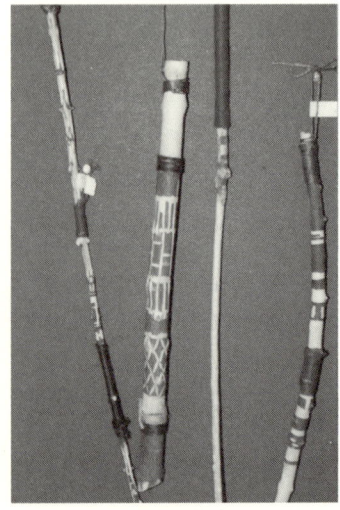

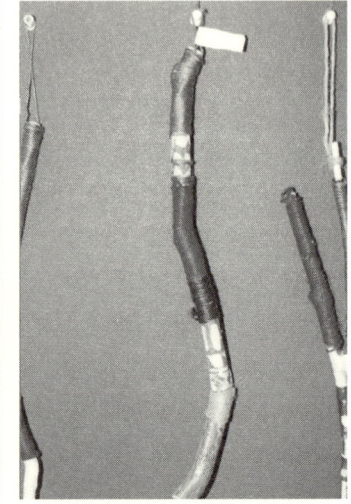

枝の皮をきれいにはぎ、横縞や縦縞などの模様をつけたもの。色の組み合わせを考え、ひもをしっかり巻きつけたり結び目を模様に生かしたりしたものなど。

IV

授業デザインと授業分析の理論
―授業構造とその構成要素から捉えた授業構成論―

この章は、授業構造とその構成要素から捉えた授業構成論として、
授業デザインと授業分析の理論をまとめたものです。
授業デザインの理論を、先に詳しく知りたい方は、
この章から読んでもよいでしょう。
もちろん、I章から読み始め、最後にこの章を読んで理解を深めていただいても結構です。
本書は、どの章から読んでいただいてもいいように編集しました。

1 授業の4つの構成要素と授業構造

　授業は、授業者の教育的な意図と子どもの実態に合わせて設定した授業課題や目標を達成するために行われるものである。授業は決して無目的に、あるいは雰囲気的に行われるものではない。したがって、授業はその意図をしっかりと考え、客観的、論理的に捉えて行うことが必要なのである。

　授業は様々な視点から捉えることができるが、私は次のような4つの構成要素から構造的に捉えている。

　授業の4つの構成要素とは、「授業課題／授業目標」「授業／表現・鑑賞内容」「授業／デザイン方法」「授業／デザイン条件」である。それらを授業構造として図に示すと次のようになる。

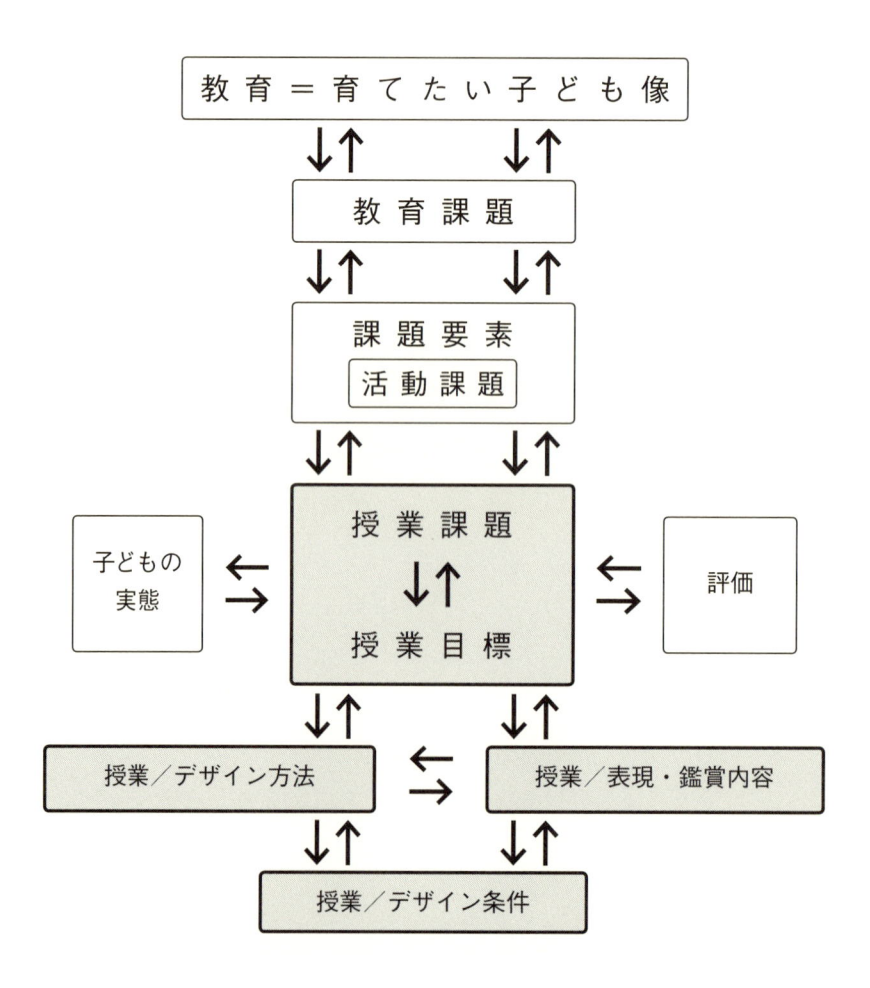

```
         教 育 ＝ 育 て た い 子 ど も 像
              ↓↑      ↓↑
                教 育 課 題
              ↓↑      ↓↑
                課 題 要 素
                 活 動 課 題
              ↓↑      ↓↑
                授 業 課 題
  子どもの  ←          ↓↑          →   評価
   実態   →         授 業 目 標    ←
              ↓↑              ↓↑
     授業／デザイン方法  ⇄  授業／表現・鑑賞内容
              ↓↑              ↓↑
                授業／デザイン条件
```

2 授業の構成要素、「授業課題」と「授業目標」「教育課題」

1.「授業課題」と「授業目標」について

　授業課題の「課題」とは、社会や授業者の授業に対する課題であり、授業目標の「目標」は子どもに対して、彼らが達成すべき目標として使い分けている。

　これは、授業者の授業に対する意図や責任を明確にするためである。授業において子どもの目標の達成度は問われるが、授業者側の授業に対する意図や責任は曖昧であることが多い。

　授業を行う際に最も大切なことは、その授業を通してどのような子どもに育て、何を培いたいのか「育てたい子ども像」を掲げることであり、教育や授業に対する「理念」をもつことである。

　さらに、授業を行うためには、この「育てたい子ども像」や「理念」を具体的な教育課題や授業課題にまで練り上げることが必要となる。

　私は造形教育の課題を、その上位概念から下位概念へ、或いは「大きな括りの柱」から、より具体的な「小さな括りの柱」へと順に「教育課題」「課題要素」「活動課題」「授業課題」と4つの柱で括っている。

　その中で「授業課題」と「授業目標」（以後、「授業課題／目標」）は、授業に直結した最も具体的な課題／目標である。「授業デザイン（授業構成）」（以後、「授業デザイン」）は、この課題／目標を達成するために行うものであり、「授業デザイン」の根拠となる重要な構成要素でもある。

　造形教育としての「教育課題」「課題要素」「活動課題」「授業課題」については、本書の趣旨からはずれるので、ここではその骨格だけを参考資料として160ページに掲載しておく。

2.「授業課題／目標」と「授業デザイン」について

　授業は設定された「授業課題／目標」を達成するために行うことを述べてきた。

　その他の授業の構成要素は、それらを達成するためにあるといっても過言ではなく、これらが決まらないと、どのような「授業／表現・鑑賞内容」や「授業／デザイン方法」を選んで行うか、授業そのものが定まらないことになる。

　授業とは限られた条件の中で行われる意図的な行為であり、その授業を通して教え、育てられる資質や能力も限られてる。だからこそ、「授業デザイン」を行うときは、その授業を通し教え、育てたい「授業課題／目標」をしっかりと設定することが大切になる。

　「子どもを自由に活動させることが授業である」とし、「授業課題／目標」の設定が曖昧な授業を見ることがあるが、それは子どもの日常的な遊びを見るのと変わりがない。授業とは「子どもを自由にすること自体」が「授業課題／目標」ではなく、「子どもを自由にする」ことを通して、何らかの資質や能力を教え、育てるのでなければ意味がない。

　つまり、教え、育てたい資質や能力を特定したものが「授業課題／目標」であり、それらを達成するために授業を行うということである。

　自由の名の下に行われる授業では、ある意味では、子どもの無限大の表現活動が生まれる。授業者は、無制限の表現活動をすべて読み取る、ということであろうか。しかし、それは不可能なことで、無責任な授業であるともいえる。

　そもそも自由とは相対的な概念で、無限大の自由や絶対的な自由などは存在しない。

　つまり、子どもを自由にすれば「自由な精神」、例えば、「自主性」や「主体性」が育つ、というような単純なものではないのである。

　しかし、自主性や主体性などの自由な精神を養うことは教育や授業において最も大切な「教育課題」や「授業課題」であることには違いないため、様々な視点から自由の意味を捉え、「授業デザイン」として生かしたり、取り入れたりすることが大切になる。

　ときには、授業者が子どもに自主性や主体性とは何かを問うたり、考えさせたりするようなことを「授業課題／目標」にすることがあってもいいのである。

　授業とは、授業者が設定した「授業課題／目標」を達成するために、子どもの表現活動を意図的に広げたり、条件をつけて制御したりするなどの「授業デザイン」を行うことに他ならない。

3. 子どもの実態と「授業課題／目標」と「評価」の関連について

　「授業課題／目標」の大切さを先に述べたが、それらは授業者が勝手に掲げるものではなく、「子どもの実態」に合わせて「授業課題／目標」を設定しなければならないのは当然のことである。

　つまり、「授業課題／目標」は授業者の教育的な意図と子どもの実態とを考え合わせて設定するものであることを確認しておく。

　さて、授業は「授業課題／目標」を達成するために、様々な条件のなかで行われる意図的な活動であるが、子どもが行う造形表現活動を通し、その「授業課題／目標」がどの程度、達成されたかを見るのが「評価」ということになり、「授業課題／目標」と「評価」は背中合わせの関係にあるということである。

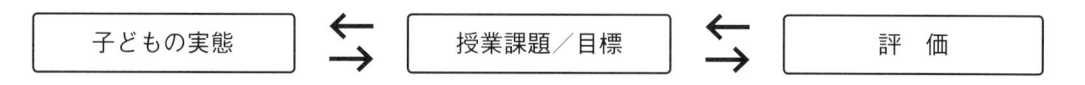

```
┌──────────┐      ┌──────────┐      ┌──────────┐
│子どもの実態│ ⇄  │授業課題／目標│ ⇄  │   評　価   │
└──────────┘      └──────────┘      └──────────┘
```

　ところが、「評価研究」といいながら、「授業課題／目標」を全く無視して論じているものをよく見かける。「評価」が独り歩きしてしまった、不思議な状況である。

　「評価」を論じることは、「授業課題／目標」を論じることに他ならない。教育は子どもを「評価」するためにあるのではなく、教え、育てるためにあるのだ。

　これらの関係があるにもかかわらず、授業の「評価」は難しく、何をどのように評価していいかわからないという話を耳にすることがある。

　それは、その授業で子どもに何を教え、育てるのかという「授業課題／目標」がわからない、あるいは設定していない、というのと同じことである。

　評価するとは、設定した「授業課題／目標」の達成状況を読み取ることであり、子どもの活動から出てくる様々な、あるいはありとあらゆる可能性を読み取り、「評価」することではない。授業者は神様ではないので、そのようなことは不可能である。

　しかし、授業者が意図したその授業で、子どもに教え、育てたい「授業課題／目標」がどのように達成したかの状況は、子どもをより豊かに教え、育てようとする視点から多角的な評価方法を取り入れ、責任をもって「評価」しなければならない。

　であるから、授業デザインを行うには、子どもに教え、育てたい資質や能力を特定し、それらを「授業課題／目標」として適切に設定することが非常に重要となる。

　授業は「子どもの実態」と「授業課題／目標」と「評価」とが一体となって意図的に行われる行為であることをここでも確認しておく。

3 授業の構成要素、「授業／表現・鑑賞内容」

1.「表現・鑑賞内容」について

　図画工作・美術科の授業は、その「授業／表現・鑑賞内容」（以下「表現・鑑賞内容」）を、説明することがすべてである、と捉えられていることが多い。

　それは、どのように絵を上手に描かせるか、あるいはものを上手につくらせるかなどを授業の中心とし、子どもに造形的な知識や技術を教えることを最大の課題としてきたことによるものである。

　つまり、義務教育としての図画工作・美術科は造形的な「表現技法」や「表現材料」「表現形式」など、いわゆる「表現・鑑賞内容」を教えることを「授業課題／目標」としてきた教科であるということだ。

　そうした**造形の知識や技術を教える教育のあり方を「造形の教育」**としておく。

　しかし、義務教育のあり方も時代とともに少しずつ変化してきた。

　「表現・鑑賞内容」についての知識や技術を教えるだけではなく、個性や創造性、自主性や主体性、あるいは「生きる力」を育てることも「授業課題／目標」に含める方向に変化してきているのである。

　いわゆる、**造形表現活動を通し、精神的、人間的な自立を促す人間教育のあり方で、これを「造形を通した教育」**としておくことにする。

　「造形の教育」では、知識や技術といった「表現・鑑賞内容」は、授業の「課題／目標」そのものであったが、「造形を通した教育」では、「表現・鑑賞内容」は、子どもの精神的、人間的な自立を促す人間教育の手段となったといえる。

　「造形を通した教育」では、「授業課題／目標」である子どもの個性や創造性、自主性や主体性、あるいは「生きる力」を育てるために、「表現・鑑賞内容」をどのように活用するかが図画工作・美術科の「授業デザイン」のポイントになるということである。

　さて、図画工作・美術科の「授業デザイン」を行うためには、「表現・鑑賞内容」とは何か。また、それにはどのような要素があるかを捉えておかなければならない。その基本的な要素を分析、整理しておくことが必要なのである。

　では次に「表現・鑑賞内容」とは何か。また、基本的にどのような要素があるのか、述べていくことにする。

2.「表現・鑑賞内容」の基本的な要素

　造形表現活動とは、造形的な「表現内容」を様々に扱い、試行錯誤を繰り返しながら自らの表現を追究することであると考えられる。

　「表現」を追究するとは、「何を表現する？」「何で表現する？」「どのように表現する？」といった一連の表現活動を行うことであり、この「何を、何で、どのように表現する？」の「何」にあたるところが表現の内容と捉えることができる。つまり「表現内容」ということである。

　「鑑賞内容」も同様に考えると、「何を表現している？」「何で表現している？」「どのように表現している？」ということになる。

　そこで「表現・鑑賞」の内容である「何を、何で、どのように表現……？」について、造形表現活動の視点から具体的に整理してみると、それぞれ次のような要素を抽出することができる。

　　○「何を表現する／している？」＝「表現対象／主題」
　　○「何で表現する／している？」＝「表現材料／素材／（造形要素）」
　　○「どのように表現する／している？」＝「表現形式」
　　　　　　　　　　　　　　　　　　　　　「表現様式」
　　　　　　　　　　　　　　　　　　　　　「表現技法・用具／知識」

　「表現・鑑賞内容」は、これら「表現対象／主題」「表現材料／素材／（造形要素）」「表現形式」「表現様式」「表現技法・用具／知識」を合わせ、5つの基本的な要素をもっていると考えることができる。

3.「表現・鑑賞内容」としての5つの要素と「授業デザイン」

①造形表現活動における「表現・鑑賞内容」について

　「表現・鑑賞内容」としての5つの基本的な要素は、大人でも子どもでも造形表現活動を追究していこうとする表現者、あるいは鑑賞者となるとき、必ず解決していかなければならない課題である、ということができる。

　逆にいえば、これら表現内容としての5つすべての要素を造形表現における課題として追究していくことが、造形表現活動であるといえるのである。当然、造形鑑賞活動に対しても、同じことがいえる。

　例えば、いくら優れた「表現技法」をもっていても、「表現対象／主題」である「何を表現するか？」が追究されなければ造形表現としては未熟で、意味ある表現とはならないだろう。表現者が「表現・鑑賞内容」としての5つの要素を追究し、すべてを達成したとき、造形表現は、一応の完成を見たことになるのである。

　造形表現活動を追究していこうとするとき、「表現・鑑賞内容」としての5つの要素、「表

現対象／主題」「表現材料／素材／（造形要素）」「表現形式」「表現様式」「表現技法・用具／知識」は、表現者にとってどれも等しく大切な表現課題となっているということであり、「表現技法」を獲得することだけが造形教育の課題ではないということを確認しておく。

そのことは、造形表現活動における「表現・鑑賞内容」としての5つの要素が、「授業デザイン」を行うときの重要な構成要素となることを意味しているのである。

②造形表現活動をハードル競技にたとえると

例えば、造形表現活動をハードル競技にたとえると、「表現・鑑賞内容」としての5つの要素は、造形表現活動を追究する表現者にとっての5つのハードルと考えることができる。

第1のハードルは「表現対象／主題」を越えること。つまり「表現対象／主題」を自ら選択、決定、追究するということである。

第2のハードルは「表現材料／素材／（造形要素）」を越えること。つまり「表現材料／素材／（造形要素）」について、自ら選択、決定、追究を行うことである。

このように考えると、第3のハードルは「表現形式」、第4のハードルは「表現様式」、第5のハードルは「表現技法・用具／知識」となる。

これらすべてのハードルを越えて、はじめて自らの造形表現活動が達成された、ということになるのである。

しかし、これらすべてのハードルを一度に越えることは、そう容易なことではない。

もしも、すべてのハードルを自らの力で選択、決定、追究、表現しようとする、あるいは、越える力を蓄えたとすれば、それは造形表現活動に対する極めて高い自立度を獲得しているといえるのではないだろうか。

しかし、子どもの実態はそうではない。はじめからすべてのハードル、あるいは高いハードルを並べた競技に参加させたら、子どもは挫折していくばかりである。

そこで、子どもの実態（能力）に合わせ、ハードルを低くしたり、あるときは取り去ってしまったりするなど、ハードルを様々に調整した競技を経験させていく。すると子どもは経験を積み重ねることで、少しずつ高いハードルや、異なったハードルを越えられるようになるはずだ。

つまり、「授業デザイン」とは、ハードル競技における実力を高めるために、子どもの実態に合わせ、ハードルを調整することと似ているといえる。

③「授業デザイン」とは、「授業課題／目標」をより効果的に達成するため、子どもの表現活動をコントロールする授業の条件ルールを設定すること

　造形表現活動は、ハードルとしての「表現・鑑賞内容」の５つの要素を追究していくことであると前述した。

　そこで、「造形を通した教育」では、授業を通して、ハードルとしての「表現・鑑賞内容」の５つの要素を自ら追究していく力を教え、育てることがひとつの大切な「教育課題／目標」であるということがいえる。

　授業はそうした「授業課題／目標」を達成するために行うものである。

　そこで、子どもはどのようなハードルにつまずきやすいか、乗り越えられないか、あるいは、子どもにどのようなハードルを越えさせたいかなど、造形表現活動における「表現・鑑賞内容」の５つの要素を捉え、分析し、子どもの実態と授業者の意図に合わせた「授業課題／目標」を設定することが大切となる。

　さらに、設定した「授業課題／目標」をより効果的に達成するためには、どのようなハードルをどの程度の高さに設定するか、つまり、ハードルとしての「表現・鑑賞内容」の５つの要素をそれぞれどのように設定し、それらをどのように組み合わせて子どもに提供するかを考えることになる。

　つまり、「授業デザイン」とは、子どもの実態と授業者の意図に合わせ、「授業課題／目標」を設定し、それらの「課題／目標」を達成するために、「表現・鑑賞内容」としての５つの要素を適切に選んだり組み合わせたり、またそれらの選択の範囲を設定したりすることに他ならない。

　例えば、「表現・鑑賞内容」としての５つの要素、それぞれに対して、より多くの、より広い範囲を解放し子どもが自由に選択、決定、追究、表現するような「授業デザイン」を行えば、それは、そうした活動に対するハードルを高くすること、つまり「授業課題／目標」を高く設定するということになる。

　それはまた、「表現・鑑賞内容」としての５つの要素に対し、より自主的、主体的に選択、決定、追究、表現する能力を育てようと意図することでもある。

　逆に、「表現・鑑賞内容」としての５つの要素、それぞれに対して、授業者が自由度を制限するような「授業デザイン」を行えば、そうした活動に対するハードルを低くすること、つまり「授業課題／目標」を低く設定するということである。

　それは「表現・鑑賞内容」としての５つの要素に対し、範囲を限定して焦点をあて、それらの知識や技術をより深く教えようと意図することにもなるのである。

　「授業デザイン」とは、設定した「授業課題／目標」をより効果的に達成するため、「表現・鑑賞内容」としての５つの要素を解放したり限定したりするなど、子どもの表現活動を制御する授業の条件（ルール）を設定することである、ともいえるのである。

4 「表現・鑑賞内容」としての5つの基本的な要素と詳細

「表現・鑑賞内容」としての5つの基本的な要素を抽出した。
それらに次のようにア、イ、ウ、エ、オの記号を与えておくことにする。

○「何を表現する／している？」　＝　ア）「表現対象／主題」
○「何で表現する／している？」　＝　イ）「表現材料／素材／（造形要素）」
○「どのように表現する／している？」＝ウ）「表現形式」
　　　　　　　　　　　　　　　　　　　エ）「表現様式」
　　　　　　　　　　　　　　　　　　　オ）「表現技法・用具／知識」

これら5つの基本的な要素ア）、イ）、ウ）、エ）、オ）について、さらに細かく分析し、具体的に説明していくことにする。

ア）「表現対象／主題」（何を表現する）

何を表現するか、「表現対象／主題」の2つの視点から内容を捉えている。

i 表現対象：人物・動物、生活・情景、自然・静物、空想・物語、造形・オブジェ、他。

表現対象は単純な意味での、何を表現するかの対象である。例えば、モチーフといわれるものであり、上記のようなものが挙げられる。

ii 表現主題：自分自身／造形感覚・感性、思考・心情、価値観・哲学、造形技法、他。

表現主題は具体的な表現対象を通して何を表現するか、いわゆる表現における自分自身の見方や考え、意味など、表現したい主題で、表現することの根拠となる重要な要素である。それらは、上記のようなものが考えられる。

イ）「表現材料／素材／（造形要素）」（何で表現する）

何で表現するか、ここでは「表現材料／素材／（造形要素）」の3つの視点から内容を捉えている。

i 表現材料：自然材料、自然加工原材料、自然加工既製品、人工材料、人工加工既製品、他。

ひとつは造形表現に使う一般的な意味での「表現材料」であるが、材質の違いによって上記のようないくつかの内容に分けることができる。

ii 表現素材：雨や雪や水、空気や風、自然の情景、建物など人工物、場や空間、文字や記号、音や言語、物語、他。

これらは材料の範疇を越えた「素材」と呼ぶに相応しいものたちである。例えば、雨や風、場や空間、あるいは造形とは直接関係がない概念の音や文字などを示すときの内容である。

iii（造形要素）：色彩、形態、材質、三原色、色相、明度、彩度、点、線、面、立体、構造、空間、抽象、具象、視覚的触覚、触覚的視覚、他。

3つ目は、色彩や形態、材質など、造形の三要素をはじめとし、純粋に造形としての意味を抽象的な概念として捉えた造形要素を取り上げた内容である。

色彩や形態、材質は、実際のものと混然一体となり、複雑な要素をもって我々の感覚に訴えてくる。それらの要素を様々なカテゴリーとして括り、それぞれを抽象的な言葉として概念化したのが造形要素ということになる。

ウ）「表現形式」（どのように表現する）

　○「表現形式」の多様な括りについて

　「表現形式」は、いくつかの括りがあり、大きな括りから挙げると

　　・「平面（絵画・デザイン）、半立体、立体（彫塑・工芸）」
　　・「心象的（絵画・彫塑）、適応的（デザイン・工芸）」
　　・「絵画・彫塑・デザイン・工作／工芸」

などがあるが、さらに括りを広げると
「漫画／アニメーション」「写真／映画」「ファッション／衣装」「メイク／ヘアーメイク」といった「表現形式」が挙げられる。

　○「表現形式」を「領域」にしたカリキュラムの構成方法について

　造形表現活動は、このような「表現形式」で語られることが多い。

　それは、図画工作・美術科の学習指導要領が長い間、**「絵画」「彫塑」「デザイン」「工作／工芸」**といった「表現内容」の中の「表現形式」で括られ（カテゴリー）、教科の領域（骨組み）にしてきたからであろう。

　いわゆる、「表現・鑑賞内容」の一部分である「表現形式」を「領域」とし、カリキュラムの骨格構造にしてきたのである。

　「絵画」「彫塑」「デザイン」「工作／工芸」といった「内容領域」を骨格にしたカリキュラムの構成方法であり、今でも「心象表現」としての括り「絵画・彫塑」、「適応表現」としての括り「デザイン・工作」が使われている。

　「表現形式」は、表現内容の１つの大切な要素であるが、表現者の意図や表現主題等に合わせて効果的に選ぶべきものであり、表現主題より優先して選択されるものではない。それは、「表現」の「形式」という言葉から考えても明らかである。

　また、「表現形式」は、さらに細かなカテゴリーとして括ることもできるし、時代に合わせて新たなジャンルを加えることもできる。

　例えば、「工芸」を取り上げれば、染色、織り、陶芸、竹芸、漆、人形、木工芸、等々。

　さらに、それぞれの内容を細かく分けることもできる。逆に、前述したように、大きなカテゴリーとして括ることもできるのである。

　また、最近では、授業内容として「漫画」や「アニメーション」などの「表現形式」も取り上げられるようになった。以前では考えられないことである。

　つまり、「表現形式」は、形式や内容の大きさなどによって、様々なカテゴリーとして括ることができるのである。

エ）「表現様式」（どのように表現する）

　「表現様式」も「表現・鑑賞内容」の要素と考えることができ、「表現形式」に社会的、文化的な価値観や思想等を含めたものと考えればよいだろう。

　「表現様式」は、時代を括るような大きな概念と小さな概念の括りがある。

　時代を括る大きな概念として、例えば「ルネッサンス様式」は、13～15世紀のヨーロッパ（特にイタリアやドイツ）の時代的な価値観や思想を加えた形式ということになる。ビザンチン、ロマネスク、ゴシック、バロック、ロココもそのような括りの様式である。

　日本では飛鳥、天平、貞観・弘仁、元禄、化政というような時代を括った様式がそれにあたる。

　また、小さな概念としての括りには「○○主義」というような表し方があり、例えば、19世紀ヨーロッパの新古典主義、ロマン主義、写実主義、印象主義など、20世紀に入っては、フォービズム、キュビズム、アールヌーボー、シュールレアリスムなどがある。

　また一方で、造形性を優先させた様式の括り方に、装飾様式、具象様式、抽象様式などがある。

　このように、「表現様式」の概念とその括りには様々なものがある。

　小学校の図画工作科では、授業に「表現様式」を取り入れることは少ないが、中学の美術科では、こうした内容を取り入れることも必要であろう。

オ）「表現技法・用具／知識」（どのように表現する）

　「表現技法・用具／知識」は、「表現材料／素材／（造形要素）」「表現形式」「表現様式」など、「表現・鑑賞内容」のそれぞれの要素に関連づけて考えることができる。

　それぞれに合わせて、あるいはそれぞれを実現するために無数の表現技法や用具、あるいは知識があるということである。

　○ 材料に対する知識や処理するための技法
　○ 表現形式に対する知識や技法
　○ 表現様式に対する知識や技法
　○ 用具に対する知識や使い方に対する技法
　○ 美術史（時代や国、様式や人物、他）に対する知識
　○ その他

　本書はこれらを具体的に述べる場ではないので、上記のような括りを示すことに止めておく。

5.「表現・鑑賞内容」としての５つの要素と詳細図

ア)「表現対象／主題」、イ)「表現材料／素材／（造形要素）」、ウ)「表現形式」、エ)「表現様式」、オ)「表現技法・用具／知識」の５つの基本的な要素の詳細図。

ア) 表現対象／主題（何を表現する）
- ⅰ 対象　　人物・動物、生活・情景、自然・静物、空想・物語、造形・オブジェ、他
- ⅱ 主題　　自分自身／造形感覚・感性、思想・心情、価値観・哲学、造形技法、他

イ) 表現材料／素材／造形要素（何で表現する）
- ⅰ 表現材料　自然材料、自然加工原材料、自然加工既製品、人工材料、人工加工既製品、他
- ⅱ 表現素材　雨や雪や水、空気や風、自然の情景、建物など人工物、場や空間、文字や記号、音や音楽、言語や物語、他
- ⅲ 造形要素　色彩、形態、材質、触覚（視覚的触覚、触覚的視覚）、三原色、色彩の３要素（色相、明度、彩度）、点、線、面、立体、構造、空間、抽象、具象、他

ウ) 表現形式（どのように表現する）
- ○ 平面（絵画・デザイン）、半立体、立体（彫塑・工芸）
- ○ 心象的（絵画・彫塑）、適応的（デザイン・工芸）※現行の中学校学習指導要領の内容領域
- ○ 絵画・彫塑・デザイン・工作／工芸（木工、陶芸、竹芸、漆、染色、人形、他）※以前に学習指導要領の内容領域として整理されていたもの
- ○ 漫画、映像（写真／映画／アニメーション）
- ○ ファッション／衣装・舞台装置、メイク／ヘアーメイク、他
- ○ その他

エ) 表現様式（どのように表現する）
- ○ ギリシャ、ローマ、ヘレニズム、ビザンチン、ロマネスク、ゴシック、ルネッサンス、バロック、ロココ、他
- ○ 縄文、弥生、古墳、飛鳥、白鳳、天平、貞観・弘仁、平安、室町、安土・桃山、元禄、化政、他
- ○ 新古典主義、ロマン主義、写実主義、印象主義、後期印象主義、新印象主義、フォービズム、キュビズム、アールヌーボー、シュールレアリズム、ダダイズム、象徴主義、抽象主義、他
- ○ 土佐派、狩野派、琳派、古伊万里、古九谷、今右衛門、柿右衛門、他
- ○ 具象、抽象、写実、装飾、アラベスク、他
- ○ その他

オ) 表現技法・用具／知識（どのように表現する）
- ○ 表現技法・用具
  - ・表現形式に対する技法
  - ・表現様式に対する技法
  - ・材料処理に対する技法
  - ・用具の使い方に対する技法
  - ・他
- ○ 知識
  - ・美術史（時代や国、様式や人物、他）に対する知識
  - ・材料に対する知識
  - ・用具に対する知識
  - ・他
- ○ その他

4 授業の構成要素、「授業／デザイン方法」

「授業課題／目標」を達成、実現するためには、「表現・鑑賞内容」を選んだり組み合わせたりして「授業デザイン」を行うかが大切であることを述べてきた。所謂、授業の「デザイン方法」の大切さである。

授業デザインには大きく分けて2つの方法がある。

ひとつは「教師中心型」の「デザイン方法」で、「講義型」「示範型」などといわれるものである。

もうひとつは、「児童・生徒中心型」の「デザイン方法」で、「問題解決型」や「課題追究型」、あるいは「総合型」などといわれるものである。

1.「教師中心型」の「デザイン方法」とその意味

「教師中心型」の授業とは義務教育で広く一般的に行われてきた「講義型」や「示範型」などの授業の「デザイン方法」であり、これらは、知識や技術を短期間、多人数に合理的に教えるのに向いている方法である。

この授業の「デザイン方法」は極めて単純、かつ明快で授業デザインがしやすいといえるのである。それは、「授業課題／目標」と「表現・鑑賞内容」とが背中合わせの関係にあるからである。

例えば、「絵画」の授業では「絵の描き方を教える」ことが主な「授業課題」ということになる。同様に、「立体」では「立体のつくり方を教える」こと、「版画」では、「版画のつくり方を教える」こと、「工作」では、「工作のつくり方を教える」ことが、それぞれの主な「授業課題」ということになる。

つまり、「絵画」「立体」「版画」「工作」は、「表現形式」としての「表現・鑑賞内容」ということである。一方、「絵の描き方を教える」「立体のつくり方を教える」「版画のつくり方を教える」「工作のつくり方を教える」は、造形の「知識や技術を教える」ということが「授業課題／目標」ということになる。

造形の「知識や技術」を教えることが「授業課題／目標」である場合は、必然的に「教師中心型」の「デザイン方法」で授業を行う傾向が高くなるということである。

この「教師中心型」の授業の「デザイン方法」は、極めて単純、明快でわかりやすく、授業の「デザイン方法」をわざわざ考える必要はない。造形の知識や技術を教えることを中心課題とした「教師中心型」の授業は、絵を描く技術をもっていれば、また、工作の技術をもっていれば、子どもに教えることはさほど難しいことではない、とする所以である。

「講義型」や「指導・示範型」は、造形の知識や技術を教える「造形の教育」の典型的な授業の「デザイン方法」であるといえる。

2.「児童・生徒中心型」の「デザイン方法」とその意味

「児童・生徒中心型」の授業とは、戦後の民主主義教育とともにもたらされたもので「問題解決型」や「課題追究型」、あるいは「総合型」といわれるような「デザイン方法」ということになる。

これらの「デザイン方法」は、子どもに課題としての活動テーマを与え、造形表現活動の試行錯誤を通し自主性や主体性を培いながら自己決定力、選択力、追究力、総合力等を養うのに向いているということができる。

この授業の意味や「デザイン方法」の理解に時間がかかるのは、「授業課題／目標」と「表現・鑑賞内容」が単純につながっていないからに他ならない。

「表現・鑑賞内容」は、「授業課題／目標」を達成するための手段となり、授業では、どのような子どもに育てるのか、常に「授業課題／目標」と、それを達成するための「表現・鑑賞内容」が吟味されなければならないのであり、「表現・鑑賞内容」を見れば、「授業課題／目標」がわかるといった、知識や技術を教える単純な「デザイン方法」の授業とは一線を画するのである。

「児童・生徒中心型」は、子どもの自主性や主体性、自己決定力、選択力、追究力、総合力等を養うといった精神的、人間的な自立を促す人間教育としての「授業課題／目標」を達成するのに向いている「デザイン方法」であるといえる。

先にも述べた「造形を通した教育」では「問題解決型」や「課題追究型」、あるいは「総合型」などの「デザイン方法」が重要視される所以である。

3.「児童・生徒中心型」／「問題解決型」「課題追究型」「総合型」の「デザイン方法」

授業の「デザイン方法」としての「問題解決型」「課題追究型」「総合型」という文言は、意味概念が正確に規定されているわけではない。教育の現場で使われている用語には、その意味概念が曖昧で、各自がそれぞれ雰囲気的に解釈しているようなものが数多くあり、これは教育や授業を論理的に捉えようとするときのネックになっている。

例えば、「問題解決型」という文言も、一般的に「子どもに問題を考えさせるような授業づくりをする授業」程度の解釈で、教育学としての授業論や授業構成論として規定されているものでない。

本書で「デザイン方法」の例として、「問題解決型」「課題追究型」「総合型」を示したのは私の仮説であることを補足しておく。その上に立って、これらの文言の解釈を述べる

ことになる。

①「問題解決型」の「デザイン方法」

「問題解決型」の授業は、子どもに問題を与え、それを解決させていく「デザイン方法」であるとするのが一般的な解釈であろう。しかし、どのような「問題」を、どのように提示するのか具体的な授業デザインの概念規定はなく、また、子どもに「問題」を「解決」させることを「授業課題／目標」としているといっても、どのような問題を、どのように解決させるのか、あるいは「授業課題／目標」とはどのような内容であるかは明確ではない。

つまり「解決」とは、結果として完成、達成することが「授業課題／目標」であるのか、活動の過程そのものまでを「授業課題／目標」とするのかが明確ではないということである。

②「課題追究型」の「デザイン方法」

実は、「課題追究型」という文言は、私が造形教育の「授業課題／目標」を達成するための「デザイン方法」として新たにつくったものである。

「問題解決型」との違いは、「追究」と「解決」の文言の使い方である。「問題解決型」は、結果として問題を解決することを「授業課題／目標」とするイメージが強いが、「課題追究型」は課題を追究すること自体を「授業課題／目標」としているのである。

造形表現には解決、完成するということはなく、常に変化、或いは進化し続けることが「授業課題／目標」であり、特徴でもある。人の生き方や生きる力に正否や解決、完成がないのと同様で、相対的な価値観を背景とした造形教育のあり方である。

であるから、造形教育では「問題解決型」ではなく、「課題追究型」という文言を新たにつくったのである。授業でどのような「授業課題／目標」を設定し、どのような「課題追究」をさせるのかは、本書のテーマである「授業デザイン」として以後に述べていくことになる。

また、「デザイン方法」についての文言の使い方は、以後「課題追究型」「総合型」に統一する。

③「総合型」の「デザイン方法」

「総合型」という文言の概念規定も「課題追究型」や「問題解決型」との相違が曖昧であるため、私は次のような規定をして文言を使い分けている。

子どもに造形的な課題を与え、追究させていくことはいずれも同じだが、「課題追究型」は図画工作・美術科の「表現・鑑賞内容」の範囲での課題設定と課題追究、情報処理を求めるのに対して、「総合型」は図画工作・美術科の「表現・鑑賞内容」の範囲を越え、他教科の内容にも踏み込んだ課題設定と課題追究、情報処理を求める「デザイン方法」であると考えている。

つまり、「課題追究型」に対して「総合型」は、教科を越えた内容範囲の中で課題設定を行い、そうした広い内容範囲の課題追究、情報処理能力を養うことを「授業課題／目標」

とした授業の「デザイン方法」である、と規定したのである。

4.「授業デザイン」における授業の「デザイン方法」の意味

　これらの「デザイン方法」は、あくまで方法であり、どちらが正しく、また進んでいるというようなものではない。

　よく研究授業などで、「問題解決型」の授業を行うことが正しく、そうした授業の「デザイン方法」をとること自体を授業の目的としているようなことがあるが、「デザイン方法」はあくまで「授業課題／目標」をよりよく達成するための手段であって授業の目的ではない。

　「授業課題／目標」を達成するために、どのような「デザイン方法」が適切であるかを考えることが重要になるのである。

　知識や技術を教える以上に、確かに、今後の図画工作・美術科の授業では、子どもの自主性や主体性を培うことを「授業課題／目標」とした授業が多く求められることは予想できる。そうしたときには「課題追究型」や「総合型」などの「授業のデザイン方法」を選択することが適切であるということはいえるだろう。

　しかし、この「課題追究型」「総合型」などの授業の「デザイン方法」を行うには、「講義型」「指導・示範型」のデザイン方法を行う以上に、授業者の授業デザイン力が求められることになるのは明らかである。

5 授業の構成要素、「授業／デザイン条件」

「授業／デザイン条件」（以後「デザイン条件」）とは、先に造形表現活動をハードル競技にたとえて説明したように、活動にどのようなハードルを設けるかということであり、造形表現活動を行うための授業のルールづくりであるともいえる。

設定した「授業課題／目標」を達成するためには、どのような条件の下で造形表現活動を行わせるか、「子どもの実態」に合わせた適切な授業の「デザイン条件」の設定が重要になる。

造形表現活動において、まずハードルとなる要素は「表現・鑑賞内容」ということになる。「表現・鑑賞内容」とは、ア）「表現対象／主題」、イ）「表現材料／素材／造形要素」、ウ）「表現形式」、エ）「表現様式」、オ）「表現技法・用具／知識」の5つの基本的な要素があり、授業の「デザイン条件」の設定とはこれらに対して、それぞれ情報選択の物理的な規模や範囲を選定し、設定することが挙げられる。

次に、「学習形態」と「集団の質」の物理的な規模や範囲を設定することである。

「学習形態」とは、個人、小集団（グループ）、学級集団、学年集団等が挙げられ、「集団の質」とは、異学年集団、男子集団、女子集団、能力・興味・関心の違い等がある。

さらに、当然のことだが、授業（活動）時間や授業（活動）計画、指導体制の設定も「デザイン条件」と捉えることができる。

これら造形表現活動に対する自由さ、あるいは情報選択の物理的な規模や範囲等のルール設定は、子どもと授業者との契約と考えてもいい。

また、こうした「デザイン条件」の設定は子どもの実態、つまり彼らがもっている造形的な情報処理能力や総合力を前提にしなければ、「授業課題／目標」を効果的に達成することはできない。

ダッチロール（制御不能）を起こしている授業の一般的な要因を見ると、自由の名の下に「授業課題／目標」「表現・鑑賞内容」について子どもの実態をはるかに超えた情報処理を要求していることが多い。無制限の自由は、必ずしも子どもたちの創造力や造形力、自主性や主体性、あるいは造形的な情報処理能力を効果的に培うものではないということである。

つまり、「授業デザイン」は、子どもの実態と「授業課題／目標」に合わせた授業の「デザイン条件」の設定が重要なのである。

6　授業の4つの構成要素と授業分析

　授業は、「授業課題／目標」「表現・鑑賞内容」「デザイン方法」「デザイン条件」といった4つの構成要素で構造化されていることを述べてきた。また、構成要素としての「表現・鑑賞内容」は、さらに5つの要素に分類でき、それらを様々に組み合わせる授業の「デザイン方法」を示してきた。

　このように、自ら行う授業の意味や「授業課題／目標」「表現・鑑賞内容」「デザイン方法」「デザイン条件」を客観的、論理的に捉えて「授業デザイン」をすると、授業を明確に説明できることになる。それは、自ら行う授業を客観的、論理的に捉えて「授業分析」することができるということでもある。

　さらにこの「授業デザイン」で他の授業を分析、評価することもできる。

　ともすると図画工作・美術科の「授業分析」は、雰囲気的であったり、授業内容が子どもの視点だけから一方的に捉えられていたりするなど、バランスが悪いことがある。

　問題の多い授業では、授業の「授業課題／目標」が曖昧であり、何を達成したいのかわからないものや、逆に授業に設定されていない「授業課題／目標」の視点から授業分析、評価されることなども見られる。

　授業を雰囲気的に捉え、評論するのではなく、授業を構成している要素から捉え、授業の根拠となっている「授業課題／目標」を達成するために、その「表現・鑑賞内容」「デザイン方法」「デザイン条件」の視点から、授業に対するそれらの妥当性を捉えると、「授業分析」に客観性、論理性が出てくるはずである。

　そうした教育研究のあり方は、造形教育の研究内容を理論的に蓄積していくことになり、造形教育学そのものを進化させていくことにもなるのである。

7 「表現・鑑賞内容」をもとにした「授業デザイン」

1.「授業デザイン」とは、「授業課題／目標」を設定し、それらを達成するために「表現・鑑賞内容」の5つの要素を構成すること

　授業をデザインするとは、「授業課題／目標」を設定し、それらを適切に達成するために、「表現・鑑賞内容」としての5つの要素を様々に組み合わせて子どもに授業の内容として与えることに他ならない。

　造形表現活動とは、「表現・鑑賞内容」としての5つの要素を追究、表現していくことで、授業は子どもにそうした造形表現活動を行う場や環境を設定することであるともいえる。

　「表現・鑑賞内容」としての5つの要素の様々な組み合わせ方を工夫することで、多様な授業が創造できるのである。

　それには「表現・鑑賞内容」としての5つの要素を十分に理解していなければ、思うような、あるいは適切な「授業デザイン」ができないということにもなる。

　それでは、何を根拠に「表現・鑑賞内容」としての5つの要素を組み合わせていけばよいのだろうか。あるいは、「授業デザイン」の適切さや妥当性は、何を基に考察されなければならないのだろうか。

　それは、いうまでもなく授業に設定した「授業課題／目標」ということである。

　なぜなら授業は、適当に、無目的に行うものではなく、設定した「授業課題／目標」を達成するために行うものだからである。

　「授業課題／目標」を達成するために、「表現・鑑賞内容」としての5つの要素をどのように選定し、構成するかを考察して設定することが、まさに「授業デザイン」ということになる。

2.「授業課題／目標」に合わせた授業の「デザイン方法」

　授業の「デザイン方法」には、先に「授業課題／目標」に合わせて大きく2つの方法があることを述べた。

①「教師中心型」の授業の「デザイン方法」

　ひとつは「教師中心型」の授業の「デザイン方法」で、「講義型」、「示範型」などといわれるものである。

　これらの「授業デザイン」は、造形表現活動として「何を、何で、どのように表現する？」かという「表現・鑑賞内容」の5つの要素に対して、授業者が具体的に限定し、言葉で説明したり、模範を示したり、見本を見せたりするなどして行う授業の「デザイン方法」で

ある。

　絵画表現における「示範型」の授業の「デザイン方法」を簡単な一例として示すと「表現・鑑賞内容」の５つの要素について、次のような「授業デザイン」が想定され、子どもは設定された表現内容の範囲で造形活動を行うことになる。

題材名：花瓶の花を描く

　ア）表現対象／主題：花瓶の花／具象的に描く。

　イ）表現材料：水彩絵の具、八切画用紙。

　ウ）表現形式：平面、絵画表現。

　エ）表現様式：具象表現（師範、あるいは作例を見せる）。

　オ）表現技法：水彩技法（授業者が師範、あるいは作例を見せる）。

　こうした表現活動は、子どもが余分なことを考える必要がなく、具体的に示された表現技法や材料・用具の扱いなどの技術的な内容に集中することができる。

　「教師中心型」の授業の「デザイン方法」は、結果として、絵の描き方（技術）を短期間、多人数に合理的に教えるのに向いている方法である。

　つまり、造形の知識や技術を教えることが「授業課題／目標」である授業では「教師中心型」の授業の「デザイン方法」が適切であるということである。

②「児童・生徒中心型」の授業の「デザイン方法」

　もうひとつは、「児童・生徒中心型」の授業の「デザイン方法」で、「課題追究型」「総合型」などといわれるものである。

　これらは、「表現・鑑賞内容」の５つの要素に対して、授業者が子どもに課題としての活動テーマを与え、造形表現活動の試行錯誤を促していく「デザイン方法」ということになる。

　絵画表現における「課題追究型」の授業の「デザイン方法」を簡単な一例として示すと「表現・鑑賞内容」の５つの要素について、次のような「授業デザイン」が想定され、子どもは設定された表現内容の範囲で造形活動を行うことになる。

活動名：お気に入りの絵、どんな材料、どんな方法で、何を描く！

　ア）表現対象／主題：各自が決める

　イ）表現材料：各自の表現対象／主題に合わせ、最適と思える描材を選び、各自が決める。
　　　　　　（例えば、鉛筆、クレヨン、コンテ、水彩絵の具、その他）　四切画用紙。

　ウ）表現形式：平面、絵画表現。

　エ）表現様式：各自の表現対象／主題に合わせ、最適と思える様式を各自が決める。
　　　　　　（例えば、具象、抽象、装飾、その他）

　オ）表現技法：各自の表現対象／主題に合わせ、最適と思える技法を各自が見つける。

　この授業では、子どもが「表現・鑑賞内容」の５つの要素、それぞれの表現対象／主題

に対して試行錯誤を繰り返しながら自らの表現を選択、決定、追究していくことになり、ア、イ、エ、オの4つの要素に対して、広範囲に選択、決定の自由を与えた「課題追究型」の「授業デザイン」をいうことになる。

「授業デザイン」の視点からいえば、子どもに試行錯誤を促し、各自の表現を追究しなければならない環境を設定する方法をとっているということになる。

「児童・生徒中心型」の授業の「デザイン方法」は、子どもの自主性や主体性を培いながら自己決定力、選択力、追究力、総合力等を養うのに向いている方法であるということである。

つまり、子どもの自主性や主体性を培うことが「授業課題／目標」である授業では、「児童・生徒中心型」の授業の「デザイン方法」の選択が適切であるということである。

3.「授業デザイン」の視点から捉えた「教師中心型」と「児童・生徒中心型」の「デザイン方法」

前項で「教師中心型」と「児童・生徒中心型」の授業の極端な授業の「デザイン方法」の例を比較し、その特徴や違いについて述べた。

しかし、「授業デザイン」の視点から捉えると、どちらの授業の「デザイン方法」についても、その「授業デザイン」のあり方は基本的に変わらない。

つまり、「表現・鑑賞内容」の5つの要素、それぞれに対して、授業者が活動の物理的な規模や範囲などの「授業条件」を設定し、制御（コントロール）しているということである。

それは「授業課題／目標」の違いによって、それらをより適切に達成するために、活動の物理的な規模や範囲の条件設定を変えているにすぎない。

「教師中心型」の授業では、「表現・鑑賞内容」の5つの要素を限定的に狭く条件設定しているのに対し、「児童・生徒中心型」の授業では、それらを開放的に広く条件設定しているということである。

つまり、「授業デザイン」とは、授業の「デザイン方法」を越えて、「授業課題／目標」をより適切に達成するための活動の制御のあり方であるともいえるのである。

しかし、「表現・鑑賞内容」の5つの要素を開放的に広く条件設定する「児童・生徒中心型」の授業では、「授業課題／目標」に対しての条件設定が多様な「授業デザイン」が考えられるわけで、その授業者の「授業デザイン力」が求められるということになる。

8　授業の「デザイン条件」の設定と「授業デザイン」の手順

　それでは「授業デザイン」における授業の「デザイン条件」とはどのようなことなのか。ここでは授業の「デザイン条件」の設定と「授業デザイン」の手順について考えていくことにする。

　授業は、無制限の自由として行うのではなく、子どもと授業者の間の造形活動に対する条件（ルール）の設定や契約と考えるとわかりやすい。

　子どもの造形活動の自由度、つまり「表現・鑑賞内容」の5つの要素に対する選択の物理的な規模や範囲といった「デザイン条件」は、子どもの実態、つまり彼らがもっている造形的な情報処理能力や総合力を前提に設定するのである。

　つまり授業の「授業課題／目標」を効果的に達成するための造形表現活動に対する条件（ルール）の設定や契約ということである。

　授業の「デザイン条件」の設定を考えながら、「授業デザイン」の簡単な手順の例を述べていく。

- **「子どもの実態」**に合わせ、授業を通して、子どもに何を教え育て、あるいは培うのかを考察し、**「授業課題／目標」を設定**する。
- 設定した「授業課題／目標」を達成、実現するために適切な**「表現・鑑賞内容」を選択、考察、決定**する。
- 「授業課題／目標」を達成するために適切な授業の**「デザイン方法」を検討、決定**する。
- 「授業課題／目標」と子どもの実態に合わせた**「表現・鑑賞内容」の5つの要素、何を、何で、どのように表現するかの、ア）表現対象／主題、イ）表現材料、ウ）表現形式、エ）表現様式、オ）表現技法・用具を具体的に選択、構成**する。
- 同時に、5つの要素について、子どもが活動する**物理的な規模や範囲など授業の「デザイン条件」**を設定する。
- **学習の形態と集団の質の物理的な規模や範囲、指導体制等、授業の「デザイン条件」を設定**する。

　「問題解決型」の研究授業で、授業者が子どもの活動に対して制御不能（ダッチロール）に陥っている状況をよく見かける。その要因を見ると、自由の名のもとに子どもの実態をはるかに超えた情報処理を要求していることが多いようである。

　それは、子どもの実態と「授業課題／目標」「表現・鑑賞内容」のバランスが欠けているからに他ならない。授業は雰囲気や思いつきで「授業課題／目標」や「表現・鑑賞内容」を設定して行うものではなく、しっかりとした客観性や論理性を根拠に「授業デザイン」

をすることが大切なのである。

　無制限の自由は、必ずしも子どもの創造力や造形力、るいは造形的な情報処理能力を養うものではない。

　子どもの実態、「授業課題／目標」「表現・鑑賞内容」のバランスがとれた、客観性や論理性にもとづく「授業デザイン」が大切であることがわかる。

9 「材料をもとにした造形遊び」の「授業デザイン」

　小学校の図画工作科の学習指導要領の内容にA表現(1)「材料を基にした造形遊び」がある。「造形遊び」の授業や「授業デザイン」は、一般的に難しいと考えられているようだが、「造形遊び」の意味や授業の「デザイン方法」を理解すれば、むしろ楽しい、意味深い授業であることがわかるはずである。ここでは、「造形遊び」の意味や「授業デザイン」などについて、少し掘り下げて述べていく。

1. 経験主義的な解釈と「造形遊び」

　「造形遊び」は、経験主義的な手法で説明されることが多いようである。子どもに自由な造形活動を促し、それらを見守りながら豊かな経験を蓄積させていく、ということからであろう。

　これは、かつて創造美育運動において、子どもが絵を描くことに意味があり、授業者は子どもの活動を促し、それを見守ることで創造性を養う、というように極めて情緒的に授業を捉えていたことと似てる。

　それは確かに教育的に有効であり、根本的な間違いということではないが、教育や授業を行うことの意味や根拠に対する説明が不十分である。

　どちらも経験主義的、内容中心的な考え方の解釈で、教育学的な論理性が欠けているのである。確かに経験は重要だが、経験させること自体が「授業課題／目標」となってしまって、経験の教育的な意味や根拠、あるいはその質を問うたり思考したりすることが少ないのである。

　授業を行う側からすると、その意味や根拠、「授業課題／目標」や授業の「デザイン方法」が曖昧であると、自信や確信をもった授業を行うことはできにくいのは当然である。

　「造形遊び」は、これからの日本の子どもに重要、かつ必須な「教育課題」を包含し、先進的な授業のあり方を提案する試みでありながら、普及率、実施率が低いままであるのは、こうした要因があると考えられる。

　「造形遊び」は教育学として教育課題論や授業論をもって論理的に、その「教育課題」や「授業課題」「授業デザイン」「デザイン方法」等を明確に位置づけていくことが必要なのである。30年以上も前と変わらない経験主義的、体験論での説明はすでに破綻しており、新しい時代、社会構造の変革に合わせた教育の意味や根拠、質が求められているのである。

2.「授業デザイン」から捉えた「造形遊び」

　「造形遊び」を理解するために、まず、図画工作科の学習指導要領を考えてみよう。同時に、前項で示した「表現・鑑賞内容」の5つの基本的な要素を思い浮かべてほしい。

　学習指導要領における「内容」のA表現(1)が「造形遊び」、A表現(2)は「絵画、彫塑、デザイン、工作／工芸」といった「表現形式」を包含した「内容」である。

　今まで図画工作科では、これらA表現(2)、つまり「絵画、彫塑、デザイン、工作／工芸」など、「表現形式」としての「内容」を教えることを「授業課題／目標」としてきた。

　授業は自ずと「表現形式」である「絵画、彫塑、デザイン、工作／工芸」、それぞれにかかわる知識や技術を教えることが教科の中心的な「授業課題／目標」となる。

　いわゆる、内容中心主義の知識や技術を教える「造形の教育」のあり方である。

　であるから、教育課程の編成は、「表現・鑑賞内容」としての「表現形式」である「絵画、彫塑、デザイン、工作／工芸」をそれぞれ様々に題材化し、組み合わせて配列してきた。

　これと同じ考えをもってA表現(1)「造形遊び」を捉えて「授業課題／目標」を設定し、「造形遊び」の授業を行うと、最終的には知識や技術、作品としての完成度を結果的に求めることになってしまうのである。

　しかし、「造形遊び」は「絵画、彫塑、デザイン、工作／工芸」といった「表現・鑑賞内容」としての「表現形式」で示されたものではない。また、「造形遊び」は、子どもに知識や技術を教えるのに向いている「内容」でもないことは明らかである。

　それでは、学習指導要領の「内容」A表現(1)「造形遊び」をどのように捉えたらいいのだろうか。

①「授業構成論」から捉えた「造形遊び」

　一般的に行われている子どもの遊びは、当然、自らが遊びたいものごとを自らが選んだり決めたりするなどして成立している。私は「遊び」が包含している、こうした本質を授業の中に生かそうとするのが「造形遊び」であると考えている。その理由を具体的に述べると次のようになる。

　「材料や場、空間をもとに」した「造形遊び」は、授業の「活動テーマ(課題)」(以後、活動テーマ)と授業の「デザイン方法」を一つに括った「内容」ということができるのではないか。

　「材料や場、空間をもとに」は活動の契機であり、「活動テーマ」ということになる。

　また、「造形遊び」は子どもが「造形的に遊ぶ」こと、すなわち自らの造形的な「課題を追究する」こと、といいかえることができる。

　つまり、学習指導要領の内容、A表現(1)「造形遊び」は、造形的な「活動テーマ」を自由に追究できるような場や環境を整えるなど、子どもの活動を促すような「授業デザイン」を工夫することであり、「デザイン方法」としては、「課題追究型」の授業を行うことを示しているといえるのである。

②「教育課題論」から捉えた「造形遊び」

　子どもの遊びは、当然、自らが遊びたいものごとを自らが選んだり決めたりするなどして、はじめて成立する。つまり、「造形的に遊ぶ」ことの教育的な意味は、そこに自主的、主体的な活動があり、自己選択や自己決定、課題追究や課題発見など、試行錯誤の場や環境を設定することができるからに他ならない。

　「造形遊び」は、内容としての知識や技術を教える以上に、「教育課題／授業課題」として子どもの自主性や主体性、自己選択力や自己決定力、課題追究力や課題発見力などを培おうとしたものと解釈できるのである。

　「造形遊び」の授業は、知識や技術を教える内容中心主義では決して培えない「教育課題／授業課題」を掲げていることの本質を見抜いて行わないと、授業が成り立たないばかりか、むしろ子どもにマイナス効果を与えることになりかねないのである。

　ここからは蛇足になるが、上記のような「教育課題／授業課題」を掲げて行う「授業デザイン」は「造形遊び」だけではない。「課題追究型」の「授業デザイン」は、どのような「表現・鑑賞内容」でも可能なのである。それは、活動の契機となる「活動テーマ」をどのように設定するかということで、「造形遊び」は、「表現材料」をテーマにしたが、その他「表現対象」「表現形式」「表現様式」等、造形の「表現・鑑賞内容」に関する様々なテーマの設定が可能であるということである。その場合の「課題追究型」の授業は、A表現(1)の「造形遊び」とはならず、A表現(2)の授業ということになる。

　A表現(2)が「絵画」「彫塑」「デザイン」「工作／工芸」など、「表現形式」としての内容がひとつに括られ、それぞれの内容領域としての拘束が開放されている現在は、自由に「課題追究型」の「授業デザイン」が可能になったということであり、ある意味でA表現(1)「造形遊び」の役割は終えたということもいえるのかもしれない。しかしそれは、「造形遊び」、あるいは「課題追究型」の「授業デザイン」の意味や課題の本質を理解した上でのことである。

　知識や技術を教える内容中心主義の考え方で「造形遊び」を行うような授業や「教育課題／授業課題」の意味を的確に理解しないままでの授業では、どのような授業を行っても教育的な効果は得られないだろう。

　相対的な価値観を基にした新たな「教育課題」、すなわち「生きる力」、あるいは自主性や主体性、創造性や感性を培い、精神的な自立を促すような教育のあり方は、決して上から教えることができない「教育課題」でもある。

　「造形遊び」は、現在我が国が抱えている新たな「教育課題」に対応し、安心して造形活動ができる場や環境を提供することで自分探しとしての表現活動を促し、子どもの中にエンジンを培おうとすることを意図した「授業デザイン」であり、「課題追究型」の「デザイン方法」の授業といえるのである。

参考資料

「教育課題」と3つの「課題要素」、6つの「活動課題」と「授業課題」

1.「教育課題」
　「造形表現活動を通し、子どもに自主的、主体的、創造的に表現すること、生きることの意味や価値を問い、造形的なものの見方や考え方造形感覚や感性を培いながら、他との関係の中に『自分らしさ（Identity）』を求め、人間的な自立を促す。」

2.「3つの課題要素」
A 「他との関係の中に『自分らしさ（Identity）』を求め、人間的な自立を促す」こと
B 「自主的、主体的、創造的に表現する」こと
C 「造形的なものの見方や考え方、造形感覚や感性を培う」こと

3. 6つの「活動課題」
① 造形表現活動の快さや楽しさを経験し、心を開く。
② 造形表現活動を通して相互理解、人間理解を図る。
③ 「自分らしさ」を、あるいは造形的な課題を自主的、主体的、創造的に追究、発見したり、自己表現したりする力を培う。
④ 総合的な造形表現活動を経験し、造形的な総合力を養う。
⑤ 造形的なものの見方や考え方、造形感覚を養い、感性を培う。
⑥ 造形的な知識や技能を養い、造形文化や歴史に興味や関心をもつ。

4.「ABC3つの課題要素」に対する6つの「活動課題」と「授業課題」
A 「他との関係の中に『自分らしさ（Identity）』を求め、人間的な自立を促す」こと

① 造形表現活動の快さや楽しさを経験し、心を開く。
- 基本的材料による造形表現活動の快さや楽しさを体験する。
- 造形的に表現することで他や造形表現に対する考え方に心を開く。／心を開いて表現できる。
　（自己表出、自己開放、自己肯定）
- 自らの造形的な趣向や興味、関心に気づく。(自己確認、自己肯定)
- 自信をもって他に自分を伝える喜びを経験する。(自己実現、相互理解)
- 造形表現とは、自らを表現する自己表現活動であることを知る。(自己表現、自己確信)

② 造形表現活動を通して相互理解、人間理解を図る。
- 自他の造形的なものの「見方」や「考え方」、「感じ方」、あるいは表現の違いや特徴などに気づき、それらがそれぞれの「自分らしさ」につながることを知る。
- 自他の造形的な考え方や表現の違いなどに気づき、相互に認め、尊重し、協力し合って共に高め合う。
- 人間的な自立を目指して共に高め合い、生きることの意味や価値を見いだす。

B 「自主的、主体的、創造的に表現する」こと

③ 「自分らしさ」を、あるいは造形的な課題を自主的、主体的、創造的に追究、発見したり、自己表現したりする力を培う。
- 自主的、主体的な造形表現活動の喜びを知り、意欲的、積極的に活動する。
- 「自分らしさ」を、或いは自らの造形的な課題を追究したり発見したりしようとする。

- 造形的な課題やテーマに合わせ、表現対象／主題、表現材料／素材／造形要素、表現形式、表現様式、表現技法／用具などを選択したり追究したりする。
- 表現対象／主題、表現材料／素材／造形要素、表現形式、表現様式、表現技法・用具などとの出会いから「自分らしさ」を追究、発見、表現する。

※表現対象＝自然、動物、植物、人間、風景、静物、生活／情景、空想／物語、使うもの／遊ぶもの／飾るもの、他
※表現主題＝自分自身／造形感覚・感性、思考・心情、価値観・哲学、造形技術、他
※表現材料＝自然材料、自然加工材料、自然加工既製品、人工材料、人工加工既製品、他。
※造形要素＝色彩、形態、材質、三原色、色相、明度、彩度、点、線、面、立体、構造、視覚的触覚、触覚的視覚、その他
※表現形式＝平面的、立体的、絵画的、彫塑的、デザイン的、工作／工芸的、版的、動画／イラスト的、光／映像的、構造・建築的、他
※表現様式＝ビザンチン、ロマネスク、ゴシック、バロック、ロココ、飛鳥、天平、貞観・弘仁、ロマン、写実、印象、フォービズム、キュビズム、アールヌーボー、シュールレアリズム、具象、抽象、写実、装飾、構成、他

④ 総合的な造形表現活動を経験し、造形的な総合力を養う。
- 自らがもっている造形的な知識や技能、あるいはものの「見方」や「考え方」、「関わり方」などの経験を場や状況、造形的な課題などに合わせて有機的、関係的に捉える総合造形的な思考、分析、判断力を養う。
- 造形的な課題を発見、選択、決定、追究、解決、応用、発表するなど、総合的な造形表現活動を経験し、造形的な総合力を養う。

C「造形的なものの見方や考え方、造形感覚や感性を培う」こと

⑤ 造形的なものの見方や考え方、造形感覚を養い、感性を培う。
- 表現形式や表現様式、表現材料／素材や表現技法などには決められた使い方があるわけではなく、自らを表現するために、それらをどのようにでも自由に活用することができるとする「見方」や「考え方」をもつ。
- 造形的な要素として色彩や形態、材質を捉え、それらの特性や法則性、相互の関係性など、造形的なものの「見方」や「考え方」を思考し、造形感覚を養う。
- 表現素材としての色彩や形態、材質の特性や法則性、相互の関係性を捉え、表現の様式や方法、材料や技法などと関連させ、それらを生かした表現を追究することから造形的なものの「見方」や「考え方」を思考し、造形感覚を養う。

⑥ 造形的な知識や技能を養い、造形文化や歴史に興味や関心をもつ。
- 自主的、主体的、創造的に表現するための造形的な知識や技能を身につける。
- 社会的、文化的に必要な造形文化や美術史を知り、それらを通した造形的な「見方」や「考え方」、「生き方」に気づく。
- 造形文化や美術史を知ることから自らの造形的な価値観を培う。

これら①～⑥、6つの「活動課題」は、相対的な価値の教育観に立ち、子どもたちに精神的な自立を促す「造形を通した教育」の、基礎的・基本的な課題としての骨格（Concept）となるものであり、知識や技術教育の基礎的、基本的な課題とは別に、人として生きることの意味や価値を多角的な視点から捉えて掲げたものである。

(佐々木達行)

◎著者
佐々木 達行（ささき たつゆき）

1947年　横浜に生まれる
1970年　横浜国立大学教育学部美術科卒業
　　　　東京都公立学校教諭、筑波大学附属小学校教官教諭
　　　　横浜国立大学教育人間科学部非常勤講師、群馬大学教育学部非常勤講師
　　　　宮崎大学教育文化学部教授を経て
　　　　現在　千葉大学教育学部教授
1990年度　文部省図画工作科指導資料作成協力者
2002～4年度　国立教育政策研究、評価規準、評価方法等の研究開発協力者
2005～10年度　国立教育政策研究、研究指定校に係わる企画委員会の協力者
開隆堂図画工作科教科書代表著者

《専門》
造形教育（図工科・美術科教育）／工芸（陶芸）教育

《主な著書／編著書／論文》
『土を素材とした学習』1990年　図書文化社
『土・すな・石で遊ぶくふう』1991年　誠文堂新光社
『1年生の授業　図画工作科／かく・つくる楽しい授業づくり』1992年　東洋館出版社
『授業のネタ　図画工作』1993年　日本書籍）
『図画工作科　研究授業のヒント』1995年　明治図書出版
『自分らしさが輝く図工の活動』1995年　日本書籍
『図画工作題材集　造形遊び』(第1/2, 3/4, 5/6学年) 1995年　開隆堂出版
『これからの絵画・版画表現の可能性を探る』1998年　開隆堂出版
『図画工作題材集　総合的な造形表現活動』(低・中・高学年) 2001年　開隆堂出版
『新しい鑑賞指導のあり方』2001年　開隆堂出版
『21授業のネタ　図画工作1／1・2・3年』2002年　日本書籍
『ドラえもんの図工科おもしろ攻略　絵とデザインがとくいになる』2002年　小学館
『ドラえもんの図工科おもしろ攻略　立体・工作がとくいになる』2003年　小学館
『21授業のネタ　図画工作2／4・5・6年』2003年　日本書籍
『造形を通した美術教育の課題とカリキュラム編成の方法、及び編成モデルの研究開発』2008年

《主な共著》
『総合的な力を培う造形活動』1999年（初等教育研究会）
『21授業のネタ／たのしく総合1』1999年（日本書籍）
『「総合的な学習」のテーマと解説150』2001年（学事出版）
『子どもの豊かさに培う共生・共創の学び／図画工作科』2004年（東洋館出版社）
『図画工作題材集　絵画／低・中・高学年』2007年（開隆堂出版）
『図画工作科「評価」のしかた／低・中・高学年』2008年（開隆堂出版）
『図工の授業をデザインする』2008年（東洋館出版社）
『図画工作でつく学力はこれだ！』2010年（開隆堂出版）
その他著書、論文多数

◎執筆協力者（Ⅲ-2-ア-ⅰ／Ⅲ-2-エ-ⅰ・ⅱ）

小橋　暁子　　　千葉大学教育学部　准教授

◎執筆、実践協力者（Ⅲ-1-1・2・3）

桐敷　芳子　　　東京都文京区立明化小学校　　　教諭
飯塚　雅子　　　東京都文京区立柳町小学校　　　教諭
渡邊　梨恵　　　東京都葛飾区立葛飾小学校　　　教諭
朝重　久美子　　東京都葛飾区立白鳥小学校　　　教諭
内田　佳代子　　東京都目黒区立碑小学校　　　　教諭
高橋　晶子　　　東京都大田区立梅田小学校　　　教諭
金丸　香菜　　　東京都大田区立山王小学校　　　教諭
石井　展子　　　東京都中野区立塔山小学校　　　教諭
高松　みき　　　東京都調布市立飛田給小学校　　教諭

◎参考・引用文献

『図画工作科　研究授業のヒント』佐々木達行　1995年　明治図書出版
『自分らしさが輝く図工の活動』佐々木達行　1995年　日本書籍
『21授業のネタ　図画工作1／1・2・3年』佐々木達行　2002年　日本書籍
『21授業のネタ　図画工作2／4・5・6年』佐々木達行　2003年　日本書籍
『子どもの豊かさに培う共生・共創の学び／図画工作』佐々木達行 他　2004年　東洋館出版社
『図工の授業をデザインする』造形授業研究会　2008年　東洋館出版社
『造形を通した美術教育の課題とカリキュラム編成の方法、及び編成モデルの研究開発』2008年

造形教育における授業デザインと授業分析
― 授業構造とその構成要素から捉えた授業構成論 ―

2011(平成23)年 8月 2日　初版第1刷発行
2017(平成29)年 4月17日　初版第4刷発行

著　　者…佐々木達行
発 行 者…錦織圭之介
発 行 所…株式会社　東洋館出版社
　　　　〒113-0021　東京都文京区本駒込5丁目16番7号
　　　　営業部　電話：03-3823-9206　FAX：03-3823-9208
　　　　編集部　電話：03-3823-9207　FAX：03-3823-9209
　　　　振替　00180-7-96823
　　　　URL：http://www.toyokan.co.jp

装　　幀…飯塚文子
印刷・製本…藤原印刷株式会社

ISBN 978-4-491-02710-4 / Printed in Japan